PREFACE

Although there is a marked similarity between the languages of Norway and Denmark, each is nevertheless distinct from the other, especially as regards the pronunciation. Attempts to deal with the two languages in one text-book suffer consequently from the defects attendant on such a combination.

This is exclusively a Norwegian text-book, compiled on Hugo's well-known Simplified System and written throughout from the student's point of view. The chief principles of construction are clearly and concisely explained, the examples to the rules and the exercises are thoroughly practical and useless detail is omitted.

The monotony of dry grammatical rules is relieved by easy, but thoroughly practical Conversational Sentences, introducing the most important Idiomatic Expressions and Irregular Verbs. The Reading Exercises, commencing after the sixth lesson, are arranged so as to constitute a Progressive Reading Course, and will be found greatly to extend the vocabulary at the student's command.

Special attention has been devoted to the **Imitated Pronunciation.** If the learner carefully follows our instructions, and pronounces as if each syllable given formed part of an English word, he will pronounce nearly all words perfectly, and all with sufficient correctness to be understood by any native.

INDEX TO GRAMMAR.

CONTENTS.

KEY TO THE IMITATED PRONUNCIATION.

er   (italics) represents the dull sound of E as in FATHER or GARDEN. The italic *r* must NEVER be pronounced; it merely serves to give the preceding E the required dull sound.

EE   pronounced with rounded lips represents the Norwegian pronunciation of Y, which has the sound of the French u in lune or of the German ü in grün.

g   (italics) indicates that this letter is only faintly sounded.

hg   indicates the slightly guttural sound of kj, like H in HUGE.

ö   represents the sound of the Norwegian ø, which is nearest to the sound of the French eu in deux or of the English U in FUR.

ŭ   represents the sound of the short Norwegian ø, and sounds like U in NUT.

(′)   represents the stress, which indicates that the syllable coming before this sign is more fully sounded than the rest of the word.

There are a few sounds in the Norwegian language which have no exact equivalent in English, but by carefully reading the Imitated Pronunciation here given, as if it were English, the student will acquire an almost correct pronunciation, which will be understood by all Norwegian-speaking people.

THE NORWEGIAN ALPHABET
with the names of the 29 letters.

It is important to remember that these are merely the NAMES of the letters. What concerns the student is the SOUNDS given to the letters when they occur as part of a Norwegian word.

A	B	C	D	E	F	G	H	I	J
ah	beh	seh	deh	eh	eff	gay	haw	ee	yeh

K	L	M	N	O	P	Q	R	S	T	U
kaw	ell	em	en	oo*	peh	koot†	err	ess	teh	oot†

V	W	X	Y	Z	Æ	Ø	Å
veh	dobbelt veh	eks	EE‡	set	ai	= U in FUR	aw

* oo pronounced as oo in TOO.   † oo as oo in ROOF.

‡ EE = French u as in lune, or German ü in grün.

x, z, only occur in foreign words.

RULES for DIVISION of WORDS into SYLLABLES.

1.—A consonant between two vowels goes with the syllable following, as: **vane** (vah'-ner) custom   **kone** (koo'-ner) woman

2.—When two or more consonants come together in the middle of a word, they are divided as easiest pronounced, as:
    etter (et'-ter) after   **indre** (in'-drer) interior

There are nine vowels in Norwegian: a, e, i, o, u, y, æ, ø, å.
The printed ø is always written ö. There is no difference in the sound.

PRONUNCIATION OF THE VOWELS.

a   has the sound of the English A in FATHER or GARDEN.
    The long and the short sound differ only slightly.

a   is long before final D, G, L, or T, and also at the end of a word or syllable.

In the Imitated Pronunciation, this longer sound of **a** is indicated by ah, as in:

bad,	bath	**mat**,	food	**dag**,	day	**sal**,	hall	**da**,	when	**vane**,	custom
bahd		maht		dahg		sahl		dah		vah'-ner	

HUGO'S SIMPLIFIED SYSTEM

NORWEGIAN IN THREE MONTHS

GRAMMAR EXERCISES
CONVERSATION AND READING

An easy and rapid self-instructor
with the pronunciation
exactly imitated

HUGO'S LANGUAGE BOOKS LTD

LONDON

© 1958 Hugo's Language Institute Ltd
All rights reserved
ISBN: 0 85285 030 1

Printed in Great Britain by litho
by Anchor Press, and bound by Wm. Brendon,
both of Tiptree, Essex

a   sounds shorter before the other consonants.

> This shorter A has a sound between o as in HOT and A as in HAT. It is imitated by äh.

hans, his	pakke, parcel	aften, evening	farge, colour
hähns	pähk'-ker	ähf'-ten	fähr'-gher

e   generally has the sound of English AY in DAY, NOT of EA in LEAF.

> To avoid confusion this sound is indicated in the Imitated Pronunciation by eh, as in:

del, part	hel, whole	sted, place	le, laugh	alene, alone
dehl	hehl	stehd	leh	ah-leh'-ner

e   is short like English E in MET when followed by a double consonant, as in:

lett, easy	nett, neat	etter, after	venn, friend	enn, than
let	net	et'-ter	ven	en

e   followed by R sounds generally like AI in FAIR, as in:

er, is	her, here	der, there	erstatte, to replace
air	hair	dair	air-stäht'-ter

e   at the end of words of more than one syllable is only faintly heard, somewhat like E in FATHER or GARDEN.

> In the Imitated Pronunciation this sound is indicated by er. The italic r must never be pronounced, it merely serves to give the e preceding it the required sound. The vowel in the syllable PRECEDING this final e is generally long, as in:

gate, street	have, garden	flere, several	lede, to lead
gah'-ter	hah'-ver	fleh'-rer	leh'-der

> The pronunciation of the Pronouns De (dee) YOU, de (dee) THEY, and det (deh) IT, is exceptional.

i   generally sounds like English EE in FEEL, as in:

lide, to suffer	time, hour	fire, four	bite, to bite
lee'-der	tee'-mer	fee'-rer	bee'-ter

i   followed by a consonant in the same syllable is generally short, and sounds like English I in BIT, as in:

dikt, poem	plikt, duty	ikke, not	indre, interior
dikt	plikt	ick'-ker	in'-drer

o   at the end of a word or syllable sounds like English
       oo in TOO, and is represented in the Imitated Pro-
       nunciation by oo, as in:

bo, to dwell	sko, shoe	kone, woman	krone, crown
boo	skoo	koo'-ner	kroo'-ner

o   followed by R has practically the same sound as above,
       but a little shorter.

       In the Imitated Pronunciation the sound is given as oo,
       the same as above, as in:

bord, table	hvor, where	bror, brother	stor, large
boor	voor	broor	stoor

o   followed by one or more consonants (except R) in the
       same syllable, is generally short like o in NOT, as in:

blomst, flower	dolk, dagger	post, post	stokk, stick
blomst	dolk	posst	stock

u   sounds like English oo in ROOF; always rather short
       (never broad like oo in MOON), as in:

lue, flame	stue, room	hus, house	uke, week
loo'-er	stoo'-er	hoos	oo'-ker

u   followed by LL or NN has the same sound, but shorter,
       more like oo in TOOK:

full, filled	kull, coal	munn, mouth	bunn, bottom
fooll	kooll	moonn	boonn

y   has the sound of the French U in 'lune' or the German
       ü in 'grün.'

       This sound is given in the Imitated Pronunciation as EE,
       pronounced with rounded lips, as in:

by, town	sy, to sew	lyve, to lie	lyde, to obey
bEE	sEE	lEE'-ver	lEE'-der

y   followed by one or more consonants in the same syllable
       is sometimes a little shorter and more abrupt, but
       the sound is practically the same, as in:

dyr, dear	mynt, coin	bryst, chest	fyrste, prince
dEEr	mEEnt	brEEst	fEEr'-ster

æ at the end of a syllable, or followed by R in the same syllable, sounds approximately like AI in FAIR, as in:

bære, to carry	klær, clothes	lære, to learn	nær, near
bai'-rer	klair	lai'-rer	nair

ø sounds like the French EU in DEUX, approximately like English U in FUR.

This sound is rendered in the Imitated Pronunciation by ö, as in:

døpe, to christen	løpe, to run	søt, sweet	bløt, soft
dö'-per	lö'-per	söt	blöt

ø followed by one or more consonants in the same syllable is generally short and sounds like U in NUT.

This sound is rendered in the Imitated Pronunciation by ŭ, as in:

øst, east	sølv, silver	bøn, prayer
ŭst	sŭl	bŭn

å has the sound of AW in LAW, as in:

båt, boat	hår, hair	gå, to go	på, on
bawt	hawr	gaw	paw

å sometimes has the sound of short o, as in:

hånd (honn) hand	bånd (bonn) ribbon

final D is not sounded after N.

PRONUNCIATION OF THE DIPHTHONGS.

The Compound Vowels are always Diphthongs in Norwegian, and must be pronounced as one syllable.

These Diphthongs are: **ai, ei, au, øy.**

---

ai is pronounced like English I in FIRE, as in: kai, quay   hai, shark
                                                            ki   hi

ei   „   „   AY in PAY, as in:
                                        vei (vay), way   nei (nay), no

au   „   „   OW in HOW or OU in OUT, as in:
            August (ou-goost'), August   auksjon (ou-shoon'), auction

øy is pronounced like OY in BOY, but a little closer, like the French
œI in œIL (eye), as in: høy (höy), high   øye (öy'-er), eye

N.S.—1*

PRONUNCIATION OF THE CONSONANTS.

The Consonants are pronounced as in English, with the following exceptions:

d   is silent after R, as in:

jord, earth	bord, table	fjord, fiord
yoor	boor	fe′-oor

g   at the beginning of a word or syllable is generally pronounced like G in GO, as in:

gå, to go	glass, glass	gåte, riddle	begrave, to bury
gaw	glass	gaw′-ter	beh-grah′-ver

g   is silent in the ending IG, as in:

ferdig, ready	riktig, correct	daglig, daily
fair′-de	rik′-te	dahg′-le

also silent in jeg (yay) I

g   is not sounded at all in the following words:

morgen, morning	følge, to follow
maw′-ren	fül′-ler

gj   sounds like English Y in YES, as in:

gjerne, gladly	gjøre, to do	igjen, again	gjennom, through
yer′-ner	yö′-rer	ee-yen′	yen′-nom

h   is silent before J and V, as in:

hjem, home	hjelp, help	hvem, who	hvor, where
yem	yelp	vem	voor

j   sounds like English Y in YES, YEAR, as in:

ja, yes	juli, July	jeger, hunter	jente, girl
yah	yoo′-lee	yai′-gher	yen′-ter

k before a consonant is always pronounced, as in:

kniv, knife	kne, knee	kvinne, woman	knapp, button
kneev	kneh	kvin'-ner	knăhpp

kj has a slightly guttural sound like the Scotch CH in LOCH, or like a strongly aspirated H as in the English word HUGE.

This sound is expressed in the Imitated Pronunciation by hg, as in:

kjære, dear	kjøre, to drive	kjøpe, to buy
hgai'-rer	hgö'-rer	hgö'-per

r is sounded a little stronger than the English R, perhaps more like RR, especially at the beginning of a word, as in:

rik, rich	rolig, quiet	vær, weather
rreek	rroo'-le	vairr

s usually sounds a little harder than the English S, and is never soft like S in ROSE, as in:

sand, sand	ris, rice	reise, journey
ssähn	rreess	rray'-sser

sj and **skj** sound like SH in SHALL, as in:

sjø, sea	sjel, soul	skjorte, shirt	skjul, shelter
shö	shail	shor'-ter	shool

sk sounds like SH before I and Y, as in:

skip, ship	skyte, to shoot	sky, cloud
sheep	shEE'-ter	shEE

t is silent in the pronoun **det** (deh), it.

tj sounds like TY (the Y as in YES), as in:

tjene, to serve	tjern, lake
tyeh'-ner	tyairn

v final is usually silent after L, as in:

tolv, twelve	halv, half	sølv, silver	selv, self
toll	hähl	sŭl	sell

FIRST LESSON.

The Imitated Pronunciation is given under or by the side of the words.

I jeg (yay)   HE han (hăhn)   SHE hun (hoonn)   IT det (deh)
Initial Y as in YES   äh short   oo very short   EH like EA in DEAF

WE vi (vee)   YOU De (dee)   THEY de (dee)

The pronunciation of De (you) and de (they) is exceptional.

De (you) is the polite form of address and is always written with a Capital D to distinguish it from de (they). When addressing more than one person dere (deh'-rer) is used.

AM, IS, ARE, are all rendered by er (air)

The stressed syllable, i.e. the part of the word more fully sounded than the rest, is indicated in the Imitated Pronunciation by the sign (') after it.

here	her	where	hvor	yes	ja
	hair		voor		yah
there	der	not	ikke	no	nei
	dair		ick'-ker*		nay

* This final er is only faintly heard; the italic r must never be pronounced, it merely serves to give the preceding e the dull sound of E in FATHER.

1.

Translate each phrase and compare with the corresponding English below.

1. jeg er her; 2. er han der? 3. ja, han er der; 4. de er ikke her; 5. hvor er de? 6. er De der? 7. vi er her; 8. hun er ikke der; 9. dere er her; 10. det er ikke her.

Imitated Pronunciation of the above Phrases.

1. yay air hair; 2. air hăhn dair? 3. yah, hăhn air dair; 4. dee air ick'-ker hair; 5. voor air dee? 6. air dee dair? 7. vee air hair; 8. hoonn er ick'-ker dair; 9. deh'-rer air hair; 10. deh air ick'-ker hair.

1a.

1. I am here; 2. is he there? 3. yes, he is there; 4. they are not here; 5. where are they? 6. are you there? 7. we are here; 8. she is not there; 9. you (more than one person) are here; 10. it is not here.

at home hjemme	ready ferdig	far langt
yem'-mer	fair'-de	lähngt
upstairs ovenpå	thirsty tørst	late sent
aw'-ven-paw	türst	sehnt
downstairs nedenunder	hungry sulten	busy travelt
neh'-den-oon-er	sool'-ten	trah'-velt

After a negative question, YES is translated by **jo** (yoo) instead of **ja** (yah), as:

is he not here? er han ikke her? yes, he is here, jo, han er her.

2.

1. han er hjemme; 2. er hun ikke hjemme? 3. jo, hun er hjemme; 4. vi er ovenpå; 5. er de nedenunder? 6. jeg er ferdig; 7. han er ikke ferdig; 8. er det langt? 9. nei, det er ikke langt; 10. er De ikke tørst? 11. jo, jeg er tørst; 12. jeg er ikke sulten.

Imitated Pronunciation of the above Phrases

1. hähn air yem'-mer; 2. air hoonn ick'-ker yem'-mer? 3. yoo, hoonn air yem'-mer; 4. vee air aw'-ven-paw; 5. air dee neh'-den-oon-er? 6. yay air fair'-de; 7. hähn air ick'-ker fair'-de; 8. air deh lähngt? 9. nay, deh air ick'-ker lähngt; 10. air dee ick'-ker türst? 11. yoo, yay air türst; 12. yay air ick'-ker sool'-ten.

2a.

1. he is at home; 2. is she not at home? 3. yes, she is at home; 4. we are upstairs; 5. are they downstairs? 6. I am ready; 7. he is not ready; 8. is it far? 9. no, it is not far; 10. are you not thirsty? 11. yes, I am thirsty; 12. I am not hungry.

In Norwegian there are three genders: Masculine, Feminine, and Neuter.

The Indefinite Article A or AN is rendered by—

> **en** (ehn) for the Masculine Gender;
>
> **en** *or* **ei** (pronounced ay) for the Feminine Gender;
>
> **et** (ett) for the Neuter Gender.

In the Vocabularies the Neuter Nouns are marked (n.).

address adresse	chair stol	aunt tante
ah-dres'-ser	stool	tähn'-ter
book bok	table bord (n.)	uncle onkel
book (oo long)	boor	on'-kel
name navn (n.)	room værelse (n.)	street gate
nahvn	vai'-rel-ser	gah'-ter

3.

1. et navn; 2. en stol; 3. et bord; 4. en adresse; 5. en *or* ei tante; 6. en *or* ei gate; 7. en *or* ei bok; 8. et værelse; 9. en onkel.

3a.

1. a name; 2. a chair; 3. a table; 4. an address; 5. an aunt; 6. a street; 7. a book; 8. a room; 9. an uncle.

---

good morning god morgen
goo mawrn

good afternoon god dag
goo dah*g*

good evening god aften
goo ähf'-ten

good night god natt
goo näht

good-bye far vel (fahr vell)

CONVERSATIONAL SENTENCES

Good morning, Mr. Sørensen.	1. God morgen, herr Sørensen.
How are you (how have you it)?	2. Hvordan har De det?
„ „ (how stands it)?	3. Hvordan står det til?
Thank you, very well.	4. Takk, meget godt.
Many thanks, excellent.	5. Mange takk, utmerket.
Good afternoon, Mrs. Olsen.	6. God dag, fru Olsen.
Do you speak English?	7. Snakker De engelsk?
I do not speak Norwegian.	8. Jeg snakker ikke norsk.
Good-bye for the present.	9. Far vel. På gjensyn.

Imitated Pronunciation.—1. goo mawrn, herr söh'-ren-sen. 2. voor'-dähn hahr dee deh? 3. voor'-dähn stawr deh till? 4. tähck, meh'-get gott. 5. mähng'-er tähck, oot-mer'-ket. 6. goo dah*g*, froo ool'-sen. 7. snähk'-ker dee en*g*'-elsk? 8. yay snähk'-ker ick'-ker norsk. 9. fahr vell. paw yen'-SEEn.

SECOND LESSON.

In Norwegian, the Definite Article (THE) is **en** for Masculine Gender and **en** *or* **a** for Feminine Gender; **et** for Neuter Gender.

The Indefinite Article stands BEFORE the Noun, and the Definite Article AFTER the Noun, and forms one word with it, as:

A chair **en stol** (stool)	THE chair **stol-en** (stoo'-len)
A table **et bord** (boor)	THE table **bord-et** (boor'-eh)
A street **en gate** (gah'-ter)	THE street **gata** (gah'-tah)
A room **et værelse** (vai'-rel-ser)	THE room **værelse-t** (vai'-rel-seh)

(To make it clearer to students, the endings **en**, **a** or **n**, and **et** or **t**, are, in the early lessons, separated from the noun by a hyphen, but this is not done in practice.)

4.

1. navn-et, en adresse; 2. stol-en, et bord, bord-et; 3. værelse-t, et værelse; 4. onkel-en, tante-n *or* tanta, en tante; 5. bok-a, en bok; 6. gata, ei gate.

4a.

1. the name, an address; 2. the chair, a table, the table; 3. the room, a room; 4. the uncle, the aunt, an aunt; 5. the book, a book; 6. the street, a street.

---

house   hus (n.)
  hoos
	woman ⎫ kone
	wife ⎭ koo'-ner
		large - stor
		  stoor

letter   brev (n.)
  brehv
	beautiful ⎫, vakker
	fine, nice ⎭ pen
	  văhk'-ker, pehn
		long lang
		  lăhng

man ⎫ mann husband ⎭ măhn		short kort kort

IT IS **det er** (deh air)   AND **og** (aw)

5.

1. hvor er stol-en? stol-en er her; 2. hvor er bord-et? bord-et er der; 3. det er et pent*

* If the Noun is neuter, the Adjective takes **T**.

hus;   4. hus-et er ikke stort;   5. er gata lang?
6. brev-et er ikke langt;   7. adresse-n er kort;
8. er mann-en nedenunder?   9. kona er ikke
ovenpå.

5a.

1. where is the chair? the chair is here;   2. where is
the table? the table is there;   3. it is a fine house;   4. the
house is not large;   5. is the street long?   6. the letter is
not long;   7. the address is short;   8. is the man down-
stairs?   9. the woman is not upstairs.

friend **venn**	father far	brother **bror**
venn	fahr	broor
neighbour **nabo**	mother **mor**	sister **søster**
nah'-boo	moor	sŭs'-ter

brothers and sisters   **søsken** (sŭs'-ken)

HAVE and HAS are rendered by **har** (hahr).

6.

1. jeg har, De har ikke;   2. har hun? vi har;
3. har de ikke? han har ikke;   4. de har, jeg har
ikke;   5. har De brev-et?   6. bok-a og brev-et er
her;   7. han har en søster og en bror;   8. de er
søsken.

6a.

1. I have, you have not;   2. has she? we have;   3. have
they not? he has not;   4. they have, I have not;   5. have
you the letter?   6. the book and the letter are here;
7. he has a sister and a brother;   8. they are brothers and
sisters.

answered **svaret**	found funnet	seen **sett**
svah'-ret	foon'-et	sett
bought **kjøpt**	read lest	written **skrevet**
hgŭpt	layst	skreh'-vet

7.

1. har De skrevet?   2. jeg har kjøpt;   3 de
har ikke sett;   4. vi har svart;   5. har De lest?

6. han har funnet; 7. de har ikke kjøpt; 8. har hun sett værelse-t? 9. vi har kjøpt et hus; 10. har han skrevet brev-et? 11. jeg har ikke funnet adresse-n; 12. hun har lest bok-a.

7a.

1. have you written? 2. I have bought; 3. they have not seen; 4. we have answered; 5. have you read? 6. he has found; 7. they have not bought; 8. has she seen the room? 9. we have bought a house; 10. has he written the letter? 11. I have not found the address; 12. she has read the book.

THE DAYS OF THE WEEK.

The names of the days have no initial Capitals in Norwegian.

Sunday   søndag
sŭn'-dahg

Monday   mandag
mahn'-dahg

Tuesday   tirsdag
teers'-dahg

Wednesday   onsdag
oons'-dahg

Thursday   torsdag
tawrs'-dahg

Friday   fredag
freh'-dahg

Saturday   lørdag   (*lŭr'-dahg*)

CONVERSATIONAL SENTENCES.

Please (= be so good).   1. Vær så god.
Excuse me!   2. Unnskyld!
You are welcome.   3. De er velkommen.
I am late (= come late).   4. Jeg kommer sent.
Are we too late?   5. Kommer vi for sent?
He is busy.   6. Han har det travelt.
Are you also busy?   7. Har De det også travelt?
I am ready now.   8. Jeg er ferdig nå.

1. vair saw goo. 2. oon'-shEEl! 3. dee air vel-kom'-men. 4. yay kom'-mer sehnt. 5. kom'-mer vee for sehnt? 6. hăhn hahr deh trah'-velt. 7. hahr dee deh aw'-saw trah'-velt? 8. yay air fair'-de naw.

THIRD LESSON.

MY	min, mitt* (n.),	mi†	HIS hans	HER	hennes
MINE	min mitt	me	hähns	HERS	hen'-nes

ITS dens dens   dets (n.) dets

* The neuter gender is indicated by (n.) after the word, the other forms being the masculine and feminine genders.

† After a feminine noun only.

OUR	vår, vårt(n.)	YOUR	Deres‡	THEIR	deres
OURS	vawr vawrt	YOURS	deh'-res	THEIRS	deh'-res

‡ familiar form din (din)—see also List of Pronouns, page 136.

ALSO også aw'-saw

8.

1. min bok, vårt brev;   2. hans venn, Deres bror;   3. mitt værelse og deres værelse;   4. vår tante, hennes onkel;   5. bok-a er mi;   6. hus-et er også mitt;   7. værelse-t er ikke vårt;   8. er brev-et hennes? nei, det er mitt.

8a.

1. my book, our letter;   2. his friend, your brother; 3. my room and their room;   4. our aunt, her uncle; 5. the book is mine;   6. the house is also mine;   7. the room is not ours;   8. is the letter hers? no, it is mine.

In the POSSESSIVE the Noun takes s, the same as in English, but without the apostrophe, as:

the man's newspaper   mannen-s* avis (mähn'-nens ah-vees')
his friend's book   hans venn-s bok (hähns vens book)

* In the early exercises, the s of the Possessive is hyphened to the word to make it clearer; this of course is never done in practice.

bag	veske	match	fyrstikk	colour	farge
	ves'-ker		fEER'-stick		fähr'-gher
knife	kniv†	pipe	pipe	flower	blomst
	kneev		pee'-per		blomst

† k is always pronounced at the beginning of a word.

WHICH? hvilken? hvilket? (n.)   **WHOSE? hvis?**
     vil'-ken?   vil'-ket?   viss?

9.

1. min venn-s navn;   2. hans onkel-s hus;
3. Deres far-s adresse;   4. hvilket hus er hennes?
5. hvilken pipe er hans?   6. her er en fyrstikk;
7. kniven er min;   8. brev-et er ikke mitt;   9. hvil-
ken veske er Deres?   10. hennes veske er ikke her;
11. hvis* kniv er denne?   12. blomsten-s farge,
mannen-s veske.

* This word is rarely used in conversation. The phrase may be
rendered thus: hvem eier denne kniven? (who owns this knife?).

9a.

1. my friend's name;   2. his uncle's house;   3. your
father's address;   4. which house is hers?   5. which pipe
is his?   6. here is a match;   7. the knife is mine;   8. the
letter is not mine;   9. which bag is yours?   10. her bag
is not here;   11. whose knife is this?   12. the colour of
the flower, the man's bag.

IN i	TO til	UNDER under
ee	till	oon'-er
ON **på**	FROM **fra**	WITH **med**
paw	frah	meh

WHAT? hva? (vah?)   **WHO? WHOM? hvem?** (vem?)

10.

1. på bord-et;   2. under stol-en;   3. i vårt hus;
4. med min venn;   5. fra hvem?   6. hva har
De der?   7. et brev fra min bror;   8. brev-et
er til hennes tante;   9. hvem er han?

10a.

1. on the table;   2. under the chair;   3. in our house;
4. with my friend;   5. from whom?   6. what have you
there?   7. a letter from my brother;   8. the letter is to
her aunt;   9. who is he?

THIS **denne, dette** (n.)   THAT **den, det** (n.)
den'-ner   det'-ter   den   deh

11.

1. dette hus *or* huset, den gate; 2. denne veske, den kniv; 3. det værelse, dette bord; 4. denne adresse, det navn; 5. med det brev, på denne stol; 6. fra denne mann, til den kona.

11a.

1. this house, that street; 2. this bag, that knife; 3. that room, this table; 4. this address, that name; 5. with that letter, on this chair; 6. from this man, to that woman.

CONVERSATIONAL SENTENCES

Have you seen my friend?   1. Har De sett min venn?
No, I have not seen him.   2. Nei, jeg har ikke sett ham.
Why have you not written   3. Hvorfor har De ikke skrevet
  to your brother?   til Deres bror?
I have found your book.   4. Jeg har funnet Deres bok.

Imitated Pronunciation.—1. hahr dee set min ven? 2. nay, yay hahr ick'-ker sett hähm. 3. voor'-for hahr dee ick'-ker skreh'-vet till deh'-res broor? 4. yay hahr foon'-et deh'-res book.

Here is the newspaper.   5. Her er avisen.
Have you read it?   6. Har De lest den?
Which paper have you?   7. Hvilken avis har De?
What have you bought?   8. Hva har De kjøpt?

5. hair air ah-vee'-sen. 6. hahr dee layst den? 7. vil'-ken ah-vees' hahr dee? 8. vah hahr dee hgŭpt?

Is this your coat, sir?   9. Er dette herrens frakk?
The lady's coat is here.   10. Damens kåpe er her.
Where is his umbrella?   11. Hvor er hans paraply?
Your book is on the table. 12. Deres bok ligger på bordet.

9. air det'-ter her'-rens frähk? 10. dah'-mens kaw'-per air hair. 11. voor air hähns pah-rah-plEE'? (EE pronounced with rounded lips like French u in lune). 12. deh'-res book lig'-gher paw boor'-eh.

FOURTH LESSON.

THE PLURAL OF NOUNS.

1.—In Norwegian, the PLURAL of MASCULINE and FEMININE NOUNS is generally formed by adding **er** to the Singular, as:

chair, stol (stool)	chairs, stol-er (stoo'-ler)
basket, kurv (koorv)	baskets, kurv-er (koor'-ver)
flower, blomst (blomst)	flowers, blomst-er (blom'-ster)
knife, kniv (kneev)	knives, kniv-er (knee'-ver)
match, fyrstikk (fEEr'-stick)	matches, fyrstikk-er (fEEr'-stick-ker)

2.—All Nouns, Masculine, Feminine and Neuter, ending in unstressed **e** take **r** only in the Plural, as:

woman, kone (koo'-n*er*)	women, kone-r (koo'-ner)
girl, pike (pee'-k*er*)	girls, pike-r (pee'-ker)
picture, bilde, n. (beel'-d*er*)	pictures, bilde-r (beel'-der)
carpet, teppe, n. (tep'-p*er*)	carpets, teppe-r (tep'-per)

Students should distinguish carefully the Imitated Pronunciation of *er* (italic) from er (ordinary type). The *r* in *er* is NOT sounded, it is only added to give the *e* the dull sound of E as in FATHER.

The endings 'er' (ordinary type) are pronounced ERR as in ERROR.

3.—Neuter Nouns of one syllable usually remain unchanged in the Plural, as:

table *or* tables, bord, n. (boor)	light *or* lights, lys, n. (lEES)
house *or* houses, hus, n. (hoos)	year *or* years, år, n. (awr)
name *or* names, navn, n. (nahvn)	egg *or* eggs, egg, n. (egg)

Neuters of more than one syllable (including those ending in unstressed E) have, as a rule, the same plural forms as the Masculine and Feminine Nouns.

---

these disse	those de	many mange	no, not any ingen
dis'-s*er*	dee	măhn*g'-er*	in*g'*-en

one, en, ett (n.)	two, to	three, tre	four, fire	five, fem	six, seks
ehn, ett	too	treh	fee'-r*er*	fem	seks

12.

1. fire stol-er, to bord; 2. en kurv, tre kurv-er; 3. et bilde, ingen bilde-r; 4. denne kniv, disse kniv-er; 5. mange blomst-er, Deres blomster; 6. fem pike-r og to kone-r; 7. ett år, seks år.

8. det er ingen kniv-er her; 9. jeg har ikke sett mange bilde-r; 10. han har kjøpt to hus; 11. har De sett disse teppe-r? 12. jeg har ikke lest avis-er.

12a.

1. four chairs, two tables; 2. one basket, three baskets; 3. a picture, no pictures; 4. this knife, these knives; 5. many flowers, your flowers; 6. five girls and two women; 7. one year, six years.

8. there are no knives here; 9. I have not seen many pictures; 10. he has bought two houses; 11. have you seen these carpets? 12. I have not read those papers.

The Definite Article (THE) for the Plural of all Genders is **ene**, which is added to the Noun in its SINGULAR form, ignoring plural ending, as:

chairs, **stol-er**	the chairs, **stol-ene** (stool'-er-ner)
flowers, **blomst-er**	the flowers, **blomst-ene** (blomst'-er-ner)
tables, **bord** (n.)	the tables, **bord-ene** (boor'-er-ner)
houses, **hus** (n.)	the houses, **hus-ene** (hoos'-er-ner)

When the Singular ends in **e** add **ne** only, as:

women, **kone-r**	the women, **kone-ne** (koo'-ner-ner)
girls, **pike-r**	the girls, **pike-ne** (pee'-ker-ner)
pictures, **bilde-r**	the pictures, **bilde-ne** (beel'-der-ner)

13.

1. kurv-ene og blomst-ene; 2. gate-ne og hus-ene; 3. disse bilde-r er hans; 4. her er Deres pipe og der er fyrstikk-ene; 5. stol-ene og bord-ene er i værelse-ne; 6. jeg har funnet navn-ene og adresse-ne.

13a.

1. the baskets and the flowers;   2. the streets and the houses;   3. these pictures are his;   4. here is your pipe and there are the matches;   5. the chairs and the tables are in the rooms;   6. I have found the names and the addresses.

4.—Nouns ending in the Singular in **er** take **e** in the Plural, and **ne** for the Definite Article (THE), as:

citizen, **borger**	citizens, **borger-e**	the citizens, **borger-ne***
bor'-gher	bor'-gher-*er*	bor'-gher-n*er*
painter, **maler**	painters, **maler-e**	the painters, **maler-ne***
mah'-ler	mah'-ler-*er*	mah'-ler-n*er*
baker, **baker**	bakers, **baker-e**	the bakers, **baker-ne***
bah'-ker	bah'-ker-*er*	bah'-ker-n*er*

* Plural **e** is dropped before the Definite Article.

5.—In the Plural of Nouns, the vowels **a, å,** and **o** often become modified, that is change into **e** or **ø,** as in the following nouns:

father, **far** (fahr)	fathers, **fedre**† (fai'-dr*er*)
mother, **mor** (moor)	mothers, **mødre** (mö'-dr*er*)
brother, **bror** (broor)	brothers, **brødre** (brö'-dr*er*)
daughter, **datter** (dăht'-ter)	daughters, **døtre** (dŭt'-r*er*)
book, **bok** (book)	books, **bøker** (bö'-ker)
hand, **hånd** (honn) *or* hand (han)	hands, **hender** (hen'-ner)

† **e** before **r** is frequently dropped in the plural form, therefore: **fedre** NOT federe, **mødre** NOT mødere, etc.

14.

1. hånd-en *or* handa, hendene, to hender;
2. bøker, bøkene, mange bøker;   3. fedre-ne og mødre-ne;   4. min datter, hans døtre;   5. brødre-ne, hennes tre brødre.

14a.

1. the hand, the hands, two hands;   2. books, the books, many books;   3. the fathers and the mothers; 4. my daughter, his daughters;   5. the brothers, her three brothers.

USEFUL PHRASES
with the exact pronunciation of every word imitated, and full explanatory notes.

Students should learn a page of these phrases after each lesson.

Yes, (sir).—Yes, gentlemen.	1	Ja.—Ja, mine herrer.*
No, madam, miss, ladies.	2	Nei, frue, frøken, mine damer.*
Good day.—Good morning.	3	God dag.—God morgen.
Good evening.—Good night.	4	God aften.—God natt.
Excuse me.	5	Unnskyld.
Do you speak English?	6	Snakker De engelsk?
Yes, a little.	7	Ja, litt.
Yes, but not very well.	8	Ja, men ikke særlig godt.
Do you understand me?	9	Forstår De meg?
Do you understand what I	10	Forstår De hva jeg sier?
You speak very fast. [say?	11	De snakker så hurtig.

Imitated Pronunciation of the above Phrases.

1. yah.—yah, mee'-ner her'-rer.
2. nay, froo'-er, frö'-ken, mee'-ner dah'-mer.
3. goo dahg—goo mawrn.
4. goo ähf'-ten.—goo näht.
5. oon'-shEEl.

6. snähk'-ker dee eng'-elsk?
7. yah, lit.
8. yah, men ick'-ker sair'-le gott.
9. for-stawr' dee may?
10. for-stawr' dee vah yay see'-er?
11. dee snähk'-ker saw hoor'-te.

Explanatory Notes to the above Phrases.

1. herr (Sir) is not used by itself, as in English, as a form of address. If the name of the person spoken to is known, this should be added, as: ja, herr Sten (stehn); if the name is not known, simply say: ja, nei.

2. A married lady is addressed either as frue without the name added, or as fru with the name, as: ja, frue, yes, madam; nei, fru Sten, no, Mrs. Sten. An unmarried lady is addressed as frøken, either with or without the name. The abbreviated forms Hr. for herr, and Frk. for frøken are often used in writing.

7. literally: yes, quite little.   9. literally: understand you me?
11.   „   you speak so quickly.

---

* The plural forms of address herrer, damer are always preceded by mine (mee'-ner) my.

FIFTH LESSON.

THE PLURAL OF NOUNS (continued).

6.—Sometimes a change of vowel occurs in the Plural of Nouns, with or without any other change of form.

EXAMPLES.

man, mann	men, menn	the men, menn-ene
măhn	men	men'-ner-ner
foot, fot	feet, føtt-er	the feet, føtt-ene
foot	fŭt'-ter	fŭt'-ter-ner
night, natt	nights, nett-er	the nights, nett-ene
năht	net'-ter	net'-ter-ner
child, barn (n.)	children, barn	the children, barn-a
bahrn	bahrn	bahr'-năh
cow, ku	cows, kuer	the cows, ku-ene
koo	koo'-er	koo'-er-ner

seven, sju	eight, åtte	nine, ni	ten, ti	eleven, elleve	twelve, tolv
shoo	awt'-ter	nee	tee	el'-er-ver	toll

WHERE ARE? hvor er?   HOW MANY? hvor mange?
voor air?   voor măhng'-er

15.

1. ett barn, tre barn, barn-a; 2. mann-en, åtte menn, ingen menn; 3. natt-en *or* natt-a, nettene, mange netter; 4. en fot, to føtter, føttene; 5. et lys, lys-et, lys-ene; 6. ei ku, ku-a, ku-ene, ti kuer; 7. hvor mange egg har De? 8. gutt-en har tolv egg i kurv-en.

15a.

1. one child, three children, the children; 2. the man, eight men, not any men; 3. the night, the nights, many nights; 4. one foot, two feet, the feet; 5. a light, the light, the lights; 6. a cow, the cow, the cows, ten cows; 7. how many eggs have you? 8. the boy has twelve eggs in the (= his) basket.

THE DECLENSION OF ADJECTIVES.

1. ADJECTIVES are invariable in the Singular, when they come AFTER a Noun of masculine or feminine gender; after a neuter noun they take **t**.

2. Adjectives preceded by the Indefinite Article (A, AN) remain invariable also BEFORE a Noun of masculine or feminine gender; before a neuter noun they take **t**. Ex.:

the address is long	**adressen er lang** (ah-dress'-en air lăhng)
a long address	**en lang adresse** (ehn lăhng ah-dress'-er)
the letter is long	**brevet er langt** (breh'-veh air lăhngt)
a long letter	**et langt brev** (ett lăhngt brev)

3. Adjectives preceded by the Definite Article (THE) or by any other Determinative* take **e**, irrespective of gender or number.

* Determinatives are: the, this, that, my, your, his, etc.

The Definite Article used with Adjectives has a special form, namely:

THE **den** (masculine and fem-   **det** (neuter)   **de** (plural)
   den   inine genders)   deh   dee

This Article stands BEFORE the Adjective.

THE long address, **den** lange adresse   THE long letter, **det** lange brev
THE long addresses, **de** lange adresser   THE long letters, **de** lange brev

4. In the Plural, Adjectives always take **e** whether they come BEFORE or AFTER the noun, as:

long addresses	lange adresser
the addresses are long	adressene er lange
long letters, lange brev	the letters are long, brevene er lange

cheap	**billig**	poor	**fattig**	young	**ung**
	bil'-le		făht'-te		oong
dear *or* ⎱	**dyr**	rich	**rik**	new	**ny**
expensive ⎰	dEEr		reek		nEE
	happy	**lykkelig**	lEEk'-ker-le		

Adjectives ending in **ig** do not add **t** in the neuter.

5. Some Adjectives are irregularly declined, as:

OLD, gammel after a Determinative becomes gamle* (sing. and plur.)
  găhm'-mel   găhm'-ler

FINE   ⎰ vakker   ,,   ,,   ,,   vakre*   ,,   ,,
beautiful ⎱ văhk'-ker   văhk'-rer

LITTLE ⎱ liten, lita (f.), lite (n.) ,,   ,,   lille   plural   små
SMALL ⎰ lee'-ten, lee'-tah, lee'-ter   lil'-ler   smaw

* In the Plural, these Adjectives always have the altered forms
gamle, vakre, etc., whether preceded by a Determinative or not.

EXAMPLES.

an old man, en gammel mann	the old man, den gamle mann
a fine flower, en vakker blomst	this fine flower, denne vakre blomst
a little girl, en liten pike	my little girl, min lille pike
a small house, et lite hus	his small house, hans lille hus
small girls, små piker	small houses, små hus

16.

1. en ny bok, den nye bok, de nye bøker; 2. en
gammel venn, hans gamle venn, gamle venn-er,
Deres gamle venn-er; 3. en fattig kone, de fattige
kone-r, er kone-ne fattige? 4. et lite værelse, det
lille værelse, de små værelse-r; 5. et billig bord,
billige stol-er, disse kniv-er er billige; 6. et lyk-
kelig barn, lykkelige barn, barn-a er lykkelige;
7. denne pipa er ikke dyr, Deres blomst-er er dyre;
8. vår nabo er rik, disse menn er også rike.

16a.

1. a new book, the new book, the new books; 2. an
old friend, his old friend, old friends, your old friends;
3. a poor woman, the poor women, are the women poor?
4. a little room, the little room, the small rooms; 5. a
cheap table, cheap chairs, these knives are cheap; 6. a
happy child, happy children, the children are happy;
7. this pipe is not dear, your flowers are dear; 8. our
neighbour is rich, these men are also rich.

much	mye	some	noen	because	da, fordi
	mEE'-er		noo'-en		dah, for-dee'
.very	meget	too	for	only	bare
	meh'-get		for		bah'-rer
	but	men (men)		much too	altfor (ahlt'-for)

17.

1. Han har skrevet brev-et, men det er for kort.
2. Disse brev er for lange. 3. Har De noen billige
sigar-er? 4. Sigar-ene er altfor dyre, da de ikke
er gode. 5. Den unge mann er meget rik; dette
vakre huset er hans. 6. Er ikke dette deres nye
adresse? Jo, det er det. 7. Der er bare seks
værelse-r i mitt hus.

17a.

1. He has written the letter, but it is too short. 2. These
letters are too long. 3. Have you some cheap cigars?
4. The cigars are much too dear, because they are not good.
5. The young man is very rich; this fine house belongs to
him *or* is his. 6. Is not this their new address? Yes, it is
(that). 7. There are only six rooms in my house.

king	konge	country	land, n.
	kong'-er		lähn
queen	dronning	people	mennesker, pl., folk, n.,
	dron'-nin*g*		men'-ner-sker folk

woman (in a general sense) **kvinne** (kvin'-ner), as: an English
woman, en engelsk (en*g*'-elsk) **kvinne.**

18.

1. Norge-s[1] konge og dronning; 2. England-s
konger og dronninger; 3. en norsk kvinne;
4. kvinner synes[2] om[2] det; 5. mange mennesker
har sett det; 6. kongen og folket; 7. landet-s folk.

1. Norge (nor'-gh*er*), Norway; 2. å synes om (sEE'-nes om), to like.

18a.

1. the king and the queen of Norway (= Norway's king
and queen); 2. the kings and queens of England; 3. a Nor-
wegian woman; 4. women like it; 5. many people have seen
it; 6. the king and the people; 7. the people of the country.

USEFUL PHRASES.

(Students should learn a page of these phrases after each lesson.)

I do not understand you.	1	Jeg forstår Dem ikke.
I beg your pardon (apology).	2	Om forlatelse.
What did you say?	3	Hva sa De?
Are you a Norwegian?	4	Er De nordmann?
I am not an Englishman.	5	Jeg er ikke englender.
What is the price of this?	6	Hva er prisen på dette?
How much does that cost?	7	Hvor mye koster det?
That is too dear. [kroner.	8	Det er for dyrt.
I will give you three	9	Jeg vil gi Dem tre kroner.
Drive me to the station.	10	Kjør meg til jernbanestasjon-
Make haste! Quick!	11	Skynd Dem! Hurtig! [en.
Stop here!	12	Stopp her!
Do not drive so fast.	13	Kjør ikke så hurtig.
Come back in half an hour.	14	Kom tilbake om en halv time.
Wait a moment!	15	Vent et øyeblikk!
I do not wish to walk far.	16	Jeg vil ikke spasere langt.
Please show me...	17	Vær så snill å vise meg...

Imitated Pronunciation of the above Phrases.

1. yay for-stawr' dem ick'-ker.
2. om for-lah'-tel-ser.
3. vah sah dee?
4. air dee noor'-măhn?
5. yay air ick'-ker eng'-len-ner.
6. vah air pree'-sen paw det'-ter?
7. voor MEE'-er kos'-ter deh?
8. deh air for DEErt.
9. yay vil yee dem treh kroo'-ner.
10. hgör may till yern'-bah-ner-stah-shoh'-nen.
11. shEEn dem! hoor'-te!
12. stop hair!
13. hgör ick'-ker saw hoor'-te.
14. kom til-bah'-ker om ehn hähl tee'-mer.
15. vent ett öy'-er-blick!
16. yay vil ick'-ker spah-ser'-rer lähngt.
17. vair saw snill aw vee'-ser may...

Explanatory Notes to the above Phrases.

2. literally: for forgiveness; 3. lit. what said you? 11. lit. haste yourself; 14. lit. come back about a half hour; 17. lit. be so good to show me, etc.

SIXTH LESSON.

In Norwegian, the PRESENT TENSE of most Verbs ends in r, and the same form is used for all persons, singular and plural, as:

I READ	**jeg leser**	WE READ	**vi leser**
	yay lai'-ser		vee lai'-ser
		YOU READ	**De* leser**
HE ⎫ READS	han ⎫ leser		dee lai'-ser
SHE ⎭	hun ⎭	THEY READ	**de leser**
	hähn, hoonn lai'-ser		dee lai'-ser

* dere (deh'-rer) is used when addressing more than one person. du (doo), THOU, is the familiar form for the second person singular.

I come, jeg kommer (kom'-mer)	I sell, jeg selger (sel'-ler)
I give, jeg gir (yeer)	I speak, jeg snakker (snähk'-ker)
I pay, jeg betaler (beh-tah'-ler)	I write, jeg skriver (skree'-ver)

19.

1. jeg betaler, de betaler; 2. hun selger, vi selger, han selger; 3. han kommer, de kommer; 4. vi gir, han gir; 5. De snakker, de snakker; 6. jeg skriver, hun skriver.

19a.

1. I pay, they pay; 2. she sells, we sell, he sells; 3. he comes, they come; 4. we give, he gives; 5. you speak, they speak; 6. I write, she writes.

What is called in English the PROGRESSIVE FORM must be changed before translating, thus:

I am coming	*into*	I come	jeg kommer (yay kom'-mer)
we are learning	,,	we learn	vi lærer (vee lai'-rer)
he is speaking	,,	he speaks	han snakker (hähn snähk'-ker)

QUESTIONS are formed in Norwegian by placing the pronoun after the verb. In translating, therefore, the English construction is changed thus:

does he come? *or* is he coming?	*into*	comes he? **kommer han?**
do you learn? *or* are you learning?	,,	learn you? **lærer De?**
do they speak? *or* are they speaking?	,,	speak they? **snakker de?**

Negations are formed in the same way. DO and DOES are not translated.

he does not give = he gives not	han gir ikke
do you not pay? = pay you not?	betaler De ikke?
are they not coming? = come they not?	kommer de ikke?

I hear	jeg hører	boy	gutt
	hö'-rer		goott
I say	jeg sier	luggage	bagasje
	see'-er		bah-gah'-sher
WHY?	**hvorfor?**	**WHEN**	**når**
	voor'-for?		nawr

20.

1. hører De? de hører ikke; 2. hun skriver, skriver de også? 3. betaler han ikke? nei, vi betaler; 4. hun sier, de sier ikke; 5. vi gir, gir de ikke? 6. han snakker ikke, snakker hun?

20a.

1. do you hear? they do not hear; 2. she is writing, are they also writing? 3. does he not pay? no, we are paying; 4. she is saying, they do not say; 5. we are giving, do they not give? 6. he does not speak, is she speaking?

21.

1. han leser avis-en; 2. vi snakker til Deres venn; 3. hvorfor snakker De ikke? 4. jeg leser ikke denne bok; 5. hører De hva hun sier? 6. gutt-en har vår bagasje; 7. hvem betaler for bagasje-n? 8. han betaler gutt-ene; 9. når kommer De?

21a.

1. he is reading the newspaper; 2. we are speaking to your friend; 3. why do you not speak? 4. I am not reading this book; 5. do you hear what she says? 6. the boy has our luggage; 7. who is paying for the luggage? 8. he is paying the boys; 9. when are you coming?

language	språk (n.)	English	engelsk
sprawk		eng'-elsk	
interesting	interessant	French	fransk
in-teh-res-sähnt'		frähnsk	
Norwegian	norsk	German	tysk
norsk		tEEsk	

Adjectives denoting Nationality do not take a capital letter.

22.

1. det franske språk er vakkert; 2. det en-
gelske språk er rikt; 3. det norske språk er
interessant; 4. denne bok er skrevet på fransk;
5. dette brev er skrevet på norsk; 6. disse brev
er skrevet på tysk; 7. er det mange fattige† i
London? 8. det er mange rike† i Oslo.

† In Norwegian, an adjective often takes the place of a noun, as
fattige (poor people), rike (rich people). When used in the place of a
noun, the adjective takes e.

22a.

1. the French language is beautiful; 2. the English
language is rich; 3. the Norwegian language is interest-
ing; 4. this book is written in French; 5. this letter is
written in Norwegian; 6. these letters are written in
German; 7. are there many poor people in London?
8. there are many rich people in Oslo.

money	penger*	purse	pengepung
peng'-er		peng'-er-poong	
stamp	frimerke (n.)	pocket	lomme
free'-mer-ker		lom'-mer	

* penger (money) is a plural noun, therefore 'much money' must
be translated as 'many money' mange penger (mähng'-er peng'-er).

23.

1. Vi har ikke mange penger. 2. Her er tre
frimerke-r. 3. Jeg har noen penger i min penge-
pung. 4. Hvor mange bøker har De der? 5. Hva
har gutt-en i lomme-n? 6. Der er lys i værelse-t.
7. Er barna hjemme? 8. Gutt-ene har ingen
penger.

23a.

1. We have not much money. 2. Here are three stamps. 3. I have some money in my purse. 4. How many books have you there? 5. What has the boy in the (= his) pocket? 6. There is (a) light in the room. 7. Are the children at home? 8. The boys have no money.

THE MONTHS.—MÅNEDENE (maw'-neh-der-ner).

January januar yah-noo-ahr'	May mai mah'-ee	September september sep-tem'-ber
February februar feh-broo-ahr'	June juni yoo'-nee	October oktober ock-toh'-ber
March mars måhrsh	July juli yoo'-lee	November november noh-vem'-ber
April april ah-preel'	August august ou-goost'	December desember deh-sem'-ber

The names of the months are not written with initial capitals.

---

to-day i dag to-morrow i morgen yesterday i går
ee dahg ee mawr'-en ee gawr
the first (of) den første the second (of) den annen
den før'-ster den ähn'-nen

24.

1. hvilken dato er det i dag? 2. det er den annen mai; 3. mandag, den første mars; 4. år-et har tolv måned-er; 5. uke-n* har sju dag-er; 6. i går var† det torsdag.

* uke (ook'-er), week. † var (vahr), was.

24a.

1. what (which) date is it to-day? 2. it is the second of May; 3. Monday, the first of March; 4. the year has twelve months; 5. the week has seven days; 6. yesterday was (it) Thursday.

USEFUL PHRASES.

(Students should learn a page of these phrases after each lesson.)

What did you say?	1	Hva sa De?
Will you say it again?	2	Vil De si det igjen?
She says nothing.	3	Hun sier ingenting.
You are (= have) right.	4	De har rett.
I am (= have) wrong.	5	Jeg har urett.
Who has seen it?	6	Hvem har sett det?
Nobody saw it.	7	Ingen så det.
Do you remember her?	8	Husker De henne?
I cannot remember that.	9	Jeg kan ikke huske det.
This is quite easy.	10	Dette er ganske lett.
Is that too difficult?	11	Er det for vanskelig?
No, it is not difficult.	12	Nei, det er ikke vanskelig.
Is it possible?	13	Er det mulig?
That is quite impossible.	14	Det er helt umulig.
He does it every day.	15	Han gjør det hver dag.
Can you do it now?	16	Kan De gjøre det nå?
What do you want?	17	Hva ønsker De?
We want nothing.	18	Vi ønsker ingenting.
How much did you pay?	19	Hvor mye betalte De?
You paid too much.	20	De betalte for mye.

Imitated Pronunciation of the above Phrases.

1. vah sah dee?
2. vil dee see deh ee-yen'?
3. hoonn see'-er ing'-en-ting
4. dee hahr rett
5. yay hahr oo'-rett
6. vem hahr sett deh?
7. ing'-en saw deh
8. hoos'-ker dee hen'-ner?
9. yay kähn ick'-ker hoos'-ker deh
10. det'-ter air gähn'-sker lett

11. air deh for vähn'-sker-le?
12. nay, deh air ick'-ker vähn'-sker-le
13. air deh moo'-le?
14. deh air hehlt oo'-moo-le
15. hähn yör deh vehr dahg
16. kähn dee yö'-rer deh naw?
17. vah ön'-sker dee?
18. vee ön'-sker ing'-en-ting
19. voor mee'-er beh-tahl'-ter dee?
20. dee beh-tahl'-ter for mee'-er

EASY READING,

with Imitated Pronunciation and Literal Translation.

NORWEGIAN: En skøyteløper: Slo De Dem
Imitated Pronunciation: ehn shöy'-ter-lö-per sloo dee dem
Literal Translation: A skater: Hurted-you[1] yourself

da De falt?—Den annen skøyteløper: Nei,
dah dee fählt? — den ahn'-nen shöy'-ter-lö-per nay
when you fell? — The other skater: No,

ikke da jeg falt, men da jeg ramte isen.
ick'-ker dah yay fählt men dah yay rähm'-ter ee'-sen
not when I fell, but when I hit the ice.

En løve og noen andre dyr gikk på jakt
ehn lö'-ver aw noo'-en ähn'-drer dEEr yik paw yähkt
A lion and some other animals went on-hunt[2]

sammen. Da de hadde fanget en okse, delte
sähm'-men dah dee hähd'-der fähng'-et ehn ock'-ser dehl'-ter
together. When they had caught an ox, divided

løva byttet i tre deler og sa: Den første
lö'-vah bEEt'-teh ee treh deh'-ler aw sah den för'-ster
the lion the booty in three portions and said: The first

del tar jeg som konge; den annen tar jeg
dehl tahr yay som kong'-er den ahn'-nen tahr yay
portion take I as king; the second take I

fordi jeg er den sterkeste; og hva den tredje
for-dee' yay air den ster'-ker-ster aw vah den trehd'-yer
because I am the strongest; and what the third

del angår så la den ta den som tør.
dehl ähn'-gawr saw lah den tah den som tör
portion concerns (so) let the-one take it who dares.

1 = did you hurt? 2 = hunting.

En herre   som hadde reist   i Afrika,   fortalte
ehn her'-rer som hăhd'-der rayst   ee ah'-free-kah fohr-tahl'-ter
A gentleman who   had travelled in   Africa,   related

en gang sine venner, at han og hans tjener
ehn găhng see'-ner ven'-ner ăht hăhn aw hăhns tyeh'-ner
    once   to his friends, that he and his servant

hadde fått femti ville arabere til å løpe.
hăhd'-der fawt fem'-tee vil'-ler ah-rah'-ber-rer till aw lö'-per
had   made fifty wild Arabs (for) to run.

Alle spurte straks, hvorledes de hadde båret
ăhl'-ler spoor'-ter străhks voor'-leh-des dee hăhd'-der baw'-ret
All   asked immediately how   they had managed

seg at med det. — Å, sa han, det var slett
say aht meh deh   aw sah hăhn deh vahr slett
(themselves along with) it.—Ah, said he, it was at-all

ikke vanskelig; vi løp, og de løp etter oss.
ick'-ker văhn'-sker-le vee löp, aw dee löp et'-ter oss
not   difficult; we ran, and they ran after us.

En   gang skulle en dommer avsi   dom
ehn   găhng skool'-ler ehn dom'-mer ahv'-see   dom
Once (upon a time) should a   judge pronounce judgment

over en ung mann, som   var   blitt   erklært
oh'-ver ehn oong măhn som   vahr   blitt   air'-klairt
upon a young man, who was (=had) become pronounced

skyldig i å ha stjålet et lite penge-
shEEl'-de e aw hah styaw'-let ett lee'-ter peng'-er-
guilty in to have stolen a small money

beløp.   Fangen så¹ meget bedrøvet ut,¹ og
beh'-löp   făhng'-en saw meh'-get beh-drö'-vet oot aw
amount. The prisoner looked very sad   out, and

1 så ut = appeared.

retten	var	meget	rørt	over	hans	angerfulle
ret'-ten	vahr	meh'-get	rört	oh'-ver	hähns	ähn'-gher-fool-ler
the court was		much	moved	by	his	penitent

utseende.	— Er	De	noensinne	blitt	dømt
oot'-seh-en-ner	air	dee	noo'-en-sin-ner	blitt	dömt
appearance.—Are (= have) you ever				been	sentenced

til	fengsel	før?	spurte	dommeren.—Aldri!
til	feng'-sel	för?	spoor'-ter	dom'-mer-ren	ähl'-dre!
to	prison	before?	asked	the judge. — Never!

utbrøt	fangen	og	brast i	gråt.—Gråt ikke,
oot'-bröt	fähng'-en	aw	brähst ee	grawt grawt ick'-ker
exclaimed the prisoner and burst into weeping.—Weep not,				

sa	dommeren	trøstende;	nå	vil	De	bli	det.
sah	dom'-mer-ren	trös'-ten-ner	naw	vil	dee	blee	deh
said	the judge	soothingly;	now-will-you-be-it.[1]				

En	tigger:	Kunne	De	gi	meg	en	krone,
ehn	tig'-gher	koon'-ner	dee	yee	may	ehn	kroo'-ner
A	beggar:	Could	you	give	me	a	shilling,

herre?—Herren:	En	krone!	Hvorfor	ber
her'-rer?	her'-ren	ehn	kroo'-ner!	voor'-for	behr
sir? —The gentleman: A		shilling!	Why beg (= ask)	

De	meg	om	en	krone?—Tiggeren:	Fordi
dee	may	om	ehn	kroo'-ner? tig'-gher-ren	for'-dee
you	me	for	a	shilling?—The beggar: Because	

jeg	trodde	ikke	at	De	ville	gi	meg
yay	trod'-der	ick'-ker	äht	dee	vil'-ler	yee	may
I	believed	not	that	you	would	give	me

den	uten	at	jeg	ba	om	den.
den	oo'-ten	äht	yay	bah	om	den
it	without that	I	asked	for	it.	

1 = now you will be sentenced.

En avis   utga   følgende   svar   til en leser: Vi
ehn ah-vees'   oot'-gah   föl'-gher-ner   svahr   til ehn lai'-ser   vee
A newspaper   published following   answer   to   a   reader: We

nekter å erkjenne mottagelsen av Deres brevkort.
nek'-ter aw err-hgen'-ner moot'-tah-ghel-sen ahv deh'-res brev'-kort
decline to acknowledge   the receipt   of your   postcard.

En   mann   som   anså   seg   for   å   være   av
ehn   måhn   som   åhn'-saw   say   for   aw   vai'-rer   ahv
A   man   who considered himself (for)   to   be   of

megen   betydning,   sa   en   dag: Jeg   har   en
meh'-ghen beh-tEEd-'ning   sah   ehn   dahg   yay   har   ehn
much   importance,   said one   day: I   have   a

vidunderlig   hukommelse;   faktisk   talt,   jeg
vid-oon'-der-le   hoo-kom'-mel-ser   fåhk'-tisk   tahlt   yay
wonderful   memory;   fact-told,[1]   I

kan   ikke   huske   noe   som   jeg   har   glemt.
kåhn   ick'-ker hoos'-ker   noo'-er   som   yay   hahr   glemt
can   not   remember anything that   I   have forgotten.

Hun: William,   du   har   ikke   røkt   noen
hoonn   William   doo   hahr   ick'-ker   rökt   noo'-en
She: William,   you   have   not   smoked   any

av   de   sigarer   jeg   ga   deg   til   din   fødsels-
ahv   dee   see-gah'-rer   yay   gah   day   til   din   föd'-sels-
of   the   cigars   I   gave   you   for   your   birth-

dag.—Han: Nei,   min   venn,   jeg   kan   ikke
dahg   håhn   nay   min   ven   yay   kåhn   ick'-ker
day. — He: No,   my   friend,   I   can   not

tåle   å   brenne   noe   du   har   gitt   meg.
taw'-ler aw   bren'-ner   noo'-er   doo   hahr   yitt   may
bear   to   burn   anything you   have   given   me.

1 = the fact is.

SEVENTH LESSON.

ME	meg (may)	HIM	ham (hähm)	HER	henne (hen'-ner)
US	oss (oss)	YOU	Dem* (dem)	THEM	dem (dem)
	IT (obj.) den (den), det n. (deh)			TO	til (til)

* The familiar form for YOU (objective) is deg (day). This form is used between relatives and friends and in speaking to children. It should NOT be used in speaking to inferiors.

For Plural and other forms of Pronouns, see List of Pronouns.

25.

1. jeg hører Dem, hører De meg? vi hører deg ikke; 2. han snakker til meg, snakker hun ikke til Dem? 3. vi gir dem, de gir oss ikke; 4. skriver De ikke til ham? jeg skriver til henne; 5. han betaler dem, jeg betaler ham, betaler De meg? 6. vi sier det, han selger det, hvem selger det?

25a.

1. I hear you, do you hear me? we do not hear you; 2. he speaks to me, does she not speak to you? 3. we give (to) them, they do not give us; 4. are you not writing to him? I am writing to her; 5. he pays them, I pay him, do you pay me? 6. we say it, he sells it, who sells it?

In Norwegian, the INFINITIVE of most Verbs ends in **e**, and is preceded by **å** (aw) TO, as:

å skrive (skree'-ver), to write   å lese (lai'-ser) to read

å before the INFINITIVE in Norwegian is used in the same way as TO before the Infinitive in English. Ex.:

he writes TO ask me	**han skriver for å spørre meg**
literally, for to ask	hähn skree'-ver for aw spör'rer may
TO eat is necessary	**å spise er nødvendig**
	aw spee'-ser air nöhd'-ven-de
I hope TO come to-morrow	**jeg håper å komme i morgen**
	yay haw'-per aw kom'-mer ee mawr'-en

The STEM of the Verb is the same as the Infinitive without the final **e**, as:

    les (lais)   snakk (snăhk)   hør (hör)   skriv (skreev)

If the Infinitive ends in a stressed vowel, then Stem and Infinitive are the same, as:

    å gå (gaw), to go Stem: gå | å se (seh), to see Stem: se

      All endings are added to the Stem.

to hope	å håpe	to go	å gå
haw'-per		gaw	
to travel ⎫	å reise	to laugh	å le
to go (on a journey) ⎭ ray'-ser		leh	
to work	å arbeide	to live ⎫	å bo
ăhr'-bay-der		to dwell ⎭	boo
to understand	å forstå		
for-staw'		to see seh	å se

As shown in the previous Lesson, the Present Tense of most Norwegian Verbs ends in **r**.

26.

1. jeg forstår Dem,* forstår De† oss? 2. vi bor her, hvor bor De? 3. går De med ham? hun går med meg; 4. vi reiser i dag, reiser De i morgen? 5. ser De henne? de ser oss ikke; 6. ler De? hun ler også; 7. han håper å reise i morgen; 8. de arbeider ikke i dag.

    * familiarly: **deg.**   † familiarly: **du.**

26a.

1. I understand you, do you understand us? 2. we live here, where do you live? 3. are you going with him? she is going with me; 4. we travel (go) to-day, are you travelling (going) to-morrow? 5. do you see her? they do not see us; 6. are you laughing? she is also laughing; 7. he hopes to go to-morrow; 8. they are not working to-day.

where to?	hvorhen?	always	alltid
voor'-hen?		ăhl'-te	
where from?	hvorfra?	never	aldri
voor'-frah?		ăhl'-dre	
how?	hvordan?	often	ofte
voor'-dăhn?		off'-ter	

27.

1. hvor kommer De fra? *or* hvorfra kommer De?
2. hvor går De hen? 3. vi går der ofte; 4. snak-
ker De norsk? 5. ja, jeg snakker norsk og engelsk;
6. forstår De hva jeg sier? 7. nei, jeg forstår Dem
ikke; 8. hvorfor arbeider de ikke? 9. de reiser
alltid; 10. De kommer aldri for å se oss.

27a.

1. where do you come from? 2. where are you going
(to)? 3. we go there often; 4. do you speak Norwegian?
5. yes, I speak Norwegian and English; 6. do you under-
stand what I say? 7. no, I do not understand you; 8. why
do they not work? 9. they are always travelling (= travel
always); 10. you never come (for) to see us.

TO BE å være		TO HAVE å ha	
	aw vai′-rer		aw hah
I am	jeg er (air)	I have	jeg har (hahr)
I was	jeg var (vahr)	I had	jeg hadde (hăhd-der)
I have been	jeg har vært	I have had	jeg har hatt
	hahr vairt		hahr hăht

As the form of the verb is the same for all persons singular and
plural only the first person of each tense is given.

28.

1. han var, De var ikke, var de? 2. vi hadde,
hadde hun? jeg hadde ikke; 3. vi har vært, har
De vært? de har ikke vært; 4. jeg har hatt, han
har ikke hatt, har hun hatt? 5. hvem har vært
her? 6. hvor har De vært?

28a.

1. he was, you were not, were they? 2. we had, had
she? I had not; 3. we have been, have you been? they
have not been; 4. I have had, he has not had, has she
had? 5. who has been here? 6. where have you been?

USEFUL PHRASES.

That is very good.	1	Det er meget bra (or godt).
This is wrong.	2	Dette er feilt.
Is it a misunderstanding?	3	Er det en misforståelse?
I cannot believe it.	4	Jeg kan ikke tro det.
Of course, that is right.	5	Naturligvis, det er riktig.
Many thanks.	6	Mange takk.
I am much obliged to you.	7	Jeg er Dem meget takknem-
Don't mention it.	8	Ingen årsak. [lig.
It depends upon you.	9	Det kommer an på Dem.
I remember it quite well.	10	Jeg husker det meget godt.
What do you want?	11	Hva ønsker De?
What is it?	12	Hva er det?
We are busy to-day.	13	Vi har det travelt i dag.
Listen to (= on) me!	14	Hør på meg!
Come this way!	15	Kom denne vei!
I will show you the way.	16	Jeg vil vise Dem veien.
I am going home.	17	Jeg går hjem.
We shall remain at home.	18	Vi skal bli hjemme.
He is going to town.	19	Han går til byen.
I shall not go with him.	20	Jeg skal ikke gå med ham.

Imitated Pronunciation of the above Phrases.

1. deh air meh'-get brah (gott)
2. det'-ter air faylt
3. air deh ehn mis-for-staw'-el-ser?
4. yay kan ick'-ker troo deh
5. nah-toor'-le-vees deh air rik'-te
6. måhng'-er tåhk
7. yay air dem meh'-get tåhk-nem'-le
8. ing'-en awr'-såhk
9. deh kom'-mer ahn paw dem
10. yay hoos'-ker deh meh'-get gott

11. vah öns'-ker dee?
12. vah air deh?
13. vee hahr deh trah'-velt ee dahg
14. hör paw may!
15. kom den'-ner vay!
16. yay vil vee'-ser dem vay'-en
17. yay gawr yem
18. vee skåhl bloe yem'-mer
19. håhn gawr til BEE'-en
20. yay skåhl ick'-ker gaw meh håhm

Explanatory Notes to the above Phrases.

8. literally: no cause; 13. lit.: we have it busy; 17. hjem = to home; 18. hjemme = at home.

EASY READING,

with Imitated Pronunciation and Literal Translation.

På	en	offentlig	konsert.—En	fornem	dilettant
paw	ehn	off'-fent-le	kon-sert' ehn	for'-nehm	dill-eh-tăhnt'
At	a	public	concert. — A distinguished	amateur	

som	opptrer	for	første	gang:	Ah!	jeg	er
som	op'-trair	for	för'-ster	găhng	aw!	yay	air
who	appears - for - the - first - time[1]:				Oh!	I	am

så	nervøs!—En	venn:	Du	behøver	ikke
saw	ner-vös'! ehn	ven	doo	beh-hö'-ver	ick'-ker
so	nervous! — A	friend:	You	need	not

være	nervøs;	de	vil	klappe	av	alt	mulig.
vai'-rer	ner-vös'	de	vil	klăhp'-per	av	alt	moo'-le
be	nervous;	they	will	applaud	of-all-possible.[2]		

En	gnier	solgte,	for	å	sikre	seg	sin	eiendom,
ehn	gnee'-er	solg'-ter	for	aw sik'-rer	say	sin	ay'-en-dom	
A	miser	sold,	for to secure (to) himself his property,					

alt	hva	han	hadde,	og	omsatte	det	til	en	stor
ăhlt	vah	hăhn	hăhd'-der	aw om'-săht-ter	deh	til ehn	stoor		
all	that	he	had,	and converted	it	into a	large		

klump	gull,	som	han	skjulte	i	et	hull	i
kloomp	gooll	som	hăhn	shool'-ter	ee	ett	hooll	ee
lump (of) gold,	which	he	hid	in	a	hole	in	

jorden.	En	dag	oppdaget	han,	at	den	var
yoo'-ren	ehn	dahg	op'-dah-get	hăhn	ăht	den	vahr
the ground. One day	discovered	he,	that it was (had)				

blitt	stjålet	fra	hullet,	og	han	gråt	og	rev
blitt	styaw'-let	frah	hool'-ler	aw	hăhn	grawt	aw	rehv
been	stolen	from the hole, and	he	wept and	tore			

1 = is making his first public appearance; 2 = anything.

seg i håret. Men en nabo, som så ham,
say ee haw'-rer men ehn nah'-boo som saw hähm
himself-in-the-hair.[1] But a neighbour, who saw him,

sa: Gråt ikke lenger, men ta en sten og
sah grawt ick'-ker leng'-er men tah ehn stehn aw
said: Cry no longer, but take a stone and

legg den på samme sted og forestill Dem at
leg den paw sähm'-mer stehd aw foh'-rer-stil dem äht
put it in the same place and pretend (to) yourself that

det er Deres gullklump; fordi det ikke var
deh air deh'-res gooll'-kloomp for'-de deh ick'-ker vahr
it is your gold-lump; because (as) it not was

Deres mening å bruke den, vil den ene gjøre
deh'-res meh'-ning aw broo'-ker den vil den eh'-ner yö'-rer
your intention to use it, will the one do (= give)

Dem likeså mye gavn som den annen.
dem lee'-ker-saw mee'-er gahvn som den ahn'-nen
you just as much satisfaction as the other.

En russisk terrier kom en dag inn i stuen
ehn rus'-sisk ter'-ree-er kom ehn dahg in ee stoo'-en
A Russian terrier came one day into (in) the room

hvor dens frue satt og gjorde tegn til
voor dens froo'-er säht aw yohr'-er tayn til
where its mistress sat and made signs to

henne om at hun skulle gå hen til døren.
hen'-ner om äht hoonn skool'-ler gaw hen til dö'-ren
her (for) that she should go (towards) to the door.

Da hun bare ga liten akt på hunden,
dah hoonn bah'-rer gah lee'-ten ähkt paw hoon'-nen
As she only gave little heed to the dog,

1 = his hair.

trakk	den	henne	i	kjolen	med	tennene;
trähk	den	hen'-ner	ee	hgoo'-len	meh	ten'-ner-ner
pulled it (=he)		her	in	the dress	with the	(=his) teeth;

hun	mente	da,	det	måtte	være	en	eller
hoonn	mehn'-ter	dah	deh	mawt'-ter	vai'-rer	ehn	el'-ler
she	thought	then	there	must	be	one	or

annen	usedvanlig	grunn	til	dens	påfallende
ahn'-nen	oo-sed-vahn'-le	groon	til	dens	paw-fähl'-len-ner
other	unusual	reason	for	its	strange

oppførsel,	og	stod	opp	og	fulgte	den.	I	det
op'-för-sel	aw	stoo	op	aw	fool*g*'-ter	den	ee	deh
behaviour	and	stood	up	and	followed	it.	At[1]-the-

øyeblikk	hun	åpnet	døren,	satte	hunden	seg
öy'-er-blick	hoonn	awp'-net	dö'-ren	säht'-ter	hoon'-nen	say
moment -	she -	opened[1]	the door,	sat	the dog	itself

på	matten,	dunket	fornøyd	i	gulvet	med
paw	mäht'-ten	doon'-ket	for'-nöyd	ee	gool'-ver	meh
on	the mat,	knocked	delightedly on	the floor	with

halen	og	så	avvekslende	på	sin	frue
hah'-len	aw	saw	ahv-vecks'-len-ner	paw	sin	froo'-er
the (=his) tail and	looked	alternatively	at	its mistress

og	på	seks	døde	rotter,	som	lå	spredt
aw	paw	seks	dö'-er	rot'-ter	som	law	sprett
and	at	six	dead	rats	which	lay	spread

ut	for	henne,	og	som	den	hadde	drept
oot	for	hen'-ner	aw	som	den	hähd'-der	drept
out	for	her,	and	which	it	had	killed

og	brakt	dit,	for	at	hun	kunne	se	dem.
aw	brähkt	deet	for	äht	hoonn	koon'-ner	seh	dem
and	brought	along,	for	that	she	could	see	them.

1 = the moment that she opened.

Bærer	De	en	erindring	i	den	medaljongen?—
bai'-rer	dee	ehn	eh-rin'-dring	ee	den	meh-dahl-yong'-en?
Carry	you	a	keepsake	in	that	locket? —

Ja,	det	er	en	lokk	av	min	manns	hår.—
yah	deh	air	ehn	lock	av	min	måhns	hawr
Yes,	it	is	a	lock	of	my	husband's	hair.—

Men	Deres	mann	lever	jo	ennå? — Ja,
men	deh'-res	måhn	leh'-ver	yoh	en-naw'? yah
But	your	husband	lives does-he-not still? — Yes,

men	hans	hår	er	helt	borte!
men	håhns	hawr	air	hehlt	boor'-ter!
but	his[1] - hair - is - quite - gone[1]!

En dag	avfyrte	den unge herr	Hansen	sin	bøsse
ehn dahg	åhv-fEEr'-ter	den oong'-er herr	håhn'-sen	sin	bös'-ser
One day	fired	(the) young Mr.	Hansen	his	gun

mot	noen	fugler	uten å	røre	en	fjær	på	dem.
moot	noo'-en	foo'-ler	oo'-ten	aw rö'-rer	ehn	fyair	paw	dem
against[2] some	birds without to touch[3] a	feather	on[4] them.

Idet	de	fløy	bort,	vendte	en	hosstående	seg
ee-deh'	dee	flöy	boort	ven'-ter	ehn	hoos'-staw-en-ner	say
As	they	flew	away,	turned	a	bystander	himself

imot	ham	og	sa:	fuglene	er	ualmindelig
ee-moot'	håhm	aw	sah	foo'-ler-ner	air	oo-åhl-min'-der-le
towards	him	and	said:	the birds	are	uncommonly

sterke	nå	til	dags;	det	er	en	forbausende
ster'-ker	naw	til	dåhgs	deh	air	ehn	for-bou-sen-ner
strong	now - a - days;	it	is	a	surprising

mengde	hagel,	de	kan	fly	bort	med.
mong'-der	håh'-ghel	dee	kåhn	flEE	boort	meh
quantity	of shot,	they	could	fly	away	with.

1 = has no hair left;   2 = at;   3 = touching;   4 = of.

EIGHTH LESSON.

town	by	plural byer	ticket	billett	plural billetter
	bEE	bEE'-er		bil-let'	bil-let'-ter
garden	have	,, haver	price	pris	priser
	hah'-ver	hah'-ver		prees	pree'-ser

train tog (tohg) plural tog time tid (teed)

TO WAIT, } å vente   TO ASK, { å spørre
TO EXPECT, }   { å be*

aw ven'-ter   aw spör'-rer, beh

* TO ASK in the sense of TO BEG, REQUEST, or PRAY is rendered by be.

Notice that in future the terminations will no longer be hyphened to the Nouns. Verb-endings will be hyphened where explained for the first time. In the exercises all words will be given as normally written.

29.

1. Jeg venter på toget. 2. Venter De Deres venner i dag? 3. Damene går ikke til byen med oss. 4. Hvorfor spør De ikke om prisen? 5. Han ber oss komme å se hans have. 6. Prisen på denne bok er for høy (höy). 7. Det er på tide å gå til jernbanestasjonen.* 8. Hva er prisen på billettene? 9. Det er meget kostbart† å reise. 10. Når går toget?

* yern'-bah-ner-stah-shoon' (railway-station). † kost'-bahrt (expensive).

29a.

1. I am waiting for the train. 2. Do you expect your friends to-day? 3. The ladies are not going to (the) town with us. 4. Why don't you ask the price? 5. He asks us to come and see his garden. 6. The price of this book is too high. 7. It is (on) time to go to the railway-station. 8. What is the price of the tickets? 9. Travelling is very expensive (= it is very expensive to travel). 10. When does the train start (go)?

The PAST PARTICIPLE of Regular Verbs is formed either by adding **et** to the Stem, as:

(jeg har) vent-et (ven'-tet), husk-et (hoos'-ket), mist-et (miss'-tet)
(I have) waited   remembered   lost

OR, by adding **t** only to the Stem, as:

(jeg har)	tal-t	hør-t	reis-t	send-t	kjøp-t
	tahlt	hört	rayst	sent	hgöpt
(I have)	spoken	heard	travelled	sent	bought

Verbs ending in a stressed vowel (Stem and Infinitive being the same) take **tt** in the Past Participle:

(jeg har)	gå-tt (gawtt)	se-tt (sett)	ta-tt (täht)
(I have)	gone	seen	taken

In some cases, such verbs take **dd** instead of **tt**, as:

bo-dd (boodd) dwelt   le-dd (ledd) laughed

See Lists of Verbs.

30.

1. Jeg har kjøpt billettene. 2. Hvor har De sendt vår bagasje hen? 3. Vi har ikke hatt tid til å gå til byen. 4. Har De talt om[1] det? 5. Vi har reist hele[2] natten.[2] 6. Har De bodd i London mange år? 7. Jeg har bare bodd der ett år. 8. Hun har ikke hørt noe om det. 9. Man[3] hører ofte norsk talt i London. 10. Har De husket på brevet? 11. Jeg har mistet adressen.

1 om (of *or* about); 2 heh'-ler näht'-ten (the whole night);
3 mähn (one, people).

30a.

1. I have bought the tickets. 2. Where have you sent our luggage (to)? 3. We have not had time to go to town (= for to go into the town). 4. Have you spoken about it? 5. We have travelled all night. 6. Have you lived in London many years? 7. I have only lived there one year. 8. She has not heard anything about it. 9. One often hears Norwegian spoken in London. 10. Have you remembered (on) the letter? 11. I have lost the address.

The PAST TENSE of REGULAR VERBS is formed by adding **et** or **te** to the Stem.

If the Past Participle ends in **et**, the Past Tense also ends in **et**. If the Past Participle ends in **t**, the Past Tense takes **te**.

Examples of Regular Conjugations.

INFINITIVE.	STEM.	PRESENT.	PAST.	PAST PARTICIPLE.
to wait	å vente	vent	vent-er	vent-et	vent-et
	ven'-ter	vent	ven'-ter	ven'-tet	ven'-tet
to speak	å tale	tal	tal-er	tal-te	tal-t
	tah'-ler	tahl	tah'-ler	tahl'-ter	tahlt

Some verbs which have **dd** in the Past Participle, take **dde** in the Past Tense, as:

å bo (boo), to dwell, live   bo-dde (bood'-der)   bo-dd (boodd)

These are classified under the Irregular Verbs.

For all Irregular Forms of Conjugation, Change of Vowel, etc., see List of Irregular Verbs.

---

concert	konsert	pl. konserter	to meet	å møte
	kon-sert'	kon-sert'-er		mö'-ter
door	dør	„ dører	to knock	å banke
	dör	dö'-rer		bǎhn'-ker
window	vindu (n.)	„ vinduer	to open	å åpne
	vin'-doo	vin'-doo-er		awp'-ner
shop	butikk	„ butikker	to shut	å lukke
	boo-tik'	boo-tik'-ker		look'-ker

31.

1. Jeg kjøpte boken i denne butikk.   2. Leste De det i avisen?   3. Han møtte oss på konserten. 4. Hvem banket på døren?   5. Jeg tenkte på Dem, da jeg var der.   6. Hun ventet å møte Dem her. 7. Vi bodde mange år i Norge.   8. Lukket De vinduet?   9. Jeg åpnet døren.   10. Han har lukket dørene, men har ikke åpnet vinduene. 11. Vi talte ofte om det.   12. Hun har ikke svart på mitt brev.   13. Han kjøpte dette for meg. 14. Jeg møter ham alltid når jeg går hjem.

31a.

1. I bought the book in this shop. 2. Did you read it
in the newspaper? 3. He met us at the concert. 4. Who
knocked at the door? 5. I thought of you when I was
there. 6. She expected to meet you here. 7. We lived
many years in Norway. 8. Did you shut the window?
9. I opened the door. 10. He has shut the doors, but has
not opened the windows. 11. We often spoke about (= of)
it. 12. She has not answered (= replied to) my letter.
13. He bought this for me. 14. I always meet him on my
way home (= when I go home).

In Norwegian, the FUTURE TENSE of all Verbs is formed
with **skal** or **vil** (skåhl, vil) SHALL or WILL, followed by the
Principal Verb in the Infinitive, without å, TO.

The CONDITIONAL is formed with **skulle** or **ville**
(skool'-ler, vil'-ler) SHOULD or WOULD, in the same way, as:

I SHALL (or WILL) COME	**jeg skal (or vil) komme**
I SHOULD (or WOULD) COME	**jeg skulle (or ville) komme**

skal and **skulle** are, in most cases, used in preference to **vil** and
ville, with future or conditional meaning.

32.

1. jeg skal ikke gå der; 2. vil hun skrive til
oss? 3. vi skal ikke ha tid til det; 4. hva vil De
si til dem? 5. han skal være her i morgen; 6. jeg
skal tale med hans far; 7. hvor skal De bo? 8. vi
skal bo i byen; 9. De skulle gi pengene til man-
nen; 10. de vil ikke ha tid i aften; 11. skal jeg
betale for bagasjen? 12. De skulle ha lukket døren.

32a.

1. I shall not go there; 2. will she write to us? 3. we
shall not have time for it; 4. what will you say to them?
5. he will be here to-morrow; 6. I shall speak to (= with)
his father; 7. where will you live? 8. we shall live in
(the) town; 9. you should give the money to the man;
10. they will not have time this evening; 11. shall I pay
for the luggage? 12. you should have shut the door.

USEFUL PHRASES.

What is the time?	1	Hva er klokka?
It is eleven o'clock.	2	Klokka er elleve.
Is it already twelve o'clock?	3	Er klokka allerede tolv?
It is a quarter to three.	4	Klokka er et kvarter på tre.
A quarter past four.	5	Kvart over fire.
Half past five (= half six).	6	Halv seks.
It is just six o'clock.	7	Klokka er akkurat seks.
Five minutes to seven.	8	Fem minutter på sju.
Ten minutes past eight.	9	Ti minutter over åtte.
My watch is (= goes) slow.	10	Mitt ur går for sakte.
Is (= goes) yours fast?	11	Går Deres for fort?
What time is it now?	12	Hvor mange er klokka nå?
I don't know.	13	Jeg vet ikke.
My watch has (= is) stopped.	14	Klokka mi er stoppet.
Did you forget to wind it?	15	Glemte De å trekke den?
How late you are (= come)!	16	Hvor sent De kommer!
Am I too early?	17	Kommer jeg for tidlig?
Do not forget the time.	18	Glem ikke tiden.
Is it already done?	19	Er det allerede gjort?
You have worked long enough.	20	De har arbeidet lenge nok.

Imitated Pronunciation of the above Phrases.

1. vah air klock'-kah?
2. klock'-kah air el'-er-ver
3. air klock'-kah åhl'-ler-reh-der toll?
4. klock'-kah air ett kvähr'-ter paw treh
5. kvåhrt oh'-ver fee'-rer
6. håhl seks
7. klock'-kah air åhk'-koo-raht seks
8. fem mee-noot'-ter paw shoo
9. tee mee-noot'-ter oh'-ver awt'-ter
10. mit EER gawr for såhk'-ter

11. gawr deh'-res for foort?
12. voor måhng'-er air klock'-kah naw?
13. yay veht ick'-ker
14. klock'-kah mee air stop'-pet
15. glem'-ter dee aw trek'-ker den?
16. voor sehnt dee kom'-mer!
17. kom'-mer yay for teed'-le?
18. glem ick'-ker tee'-den
19. air deh åhl'-ler-reh-der yoort?
20. dee hahr ahr'-bay-det leng'-er nock

Explanatory Notes to the above Phrases.

Note the idiomatic way of expressing the time of day; 10, 14, both **ur** and **klokka** = watch; 12. literally: how many is the clock now?

EASY READING,

with Imitated Pronunciation and Literal Translation

En	forretningsmann	som	fant	sin	kontorist
ehn	for-ret'-nin*g*s-mähn	som	fähnt	sin	kon-too-rist'
A	business-man	who	found	his	clerk

sovende	på	kontoret,	vekket	ham	og	sa	vredt:
soh'-ven-ne*r*	paw	kon-too'-re*r*	vek'-ket	hähm	aw	sah	vret
asleep	in	the office,	roused	him	and said	angrily:

De	forlater	mitt	kontor	i	slutten	av	måneden.
dee	for-lah'-ter	mit	kon-toor'	ee	sloot'-ten	ahv	maw'-ne*r*-den
You	leave	my	office	at the close (=end) of the month.

Kontoristen:	De	behøvde	da	vel	ikke	ha
kon-too-ris'-ten	dee	beh-höv'-de*r*	dah	vel	ick'-ke*r*	hah
(The) clerk:	You	needed	(then well)	not	have

vekket	meg	så	brått	for	å	fortelle	meg	det.
vek'-ket	may	saw	brawtt	for	aw	for-tel'-le*r*	may	deh
roused	me	so	suddenly	for to	tell	me	that.

To	handelsreisende,	den	ene	en	englender,
too	hähn'-dels-rray-sen-ne*r*	den	eh'-ne*r*	ehn	en*g*-len'-ner
Two	commercial travellers,	the	one	an	Englishman,

den	annen	en	amerikaner,	satt	og	nøt	en
den	ahn'-nen	ehn	ah-meh-ree-kah'-ner	säht	aw	nöt	ehn
the	other	an	American,	sat	and enjoyed	a

sigar	i	kaféen	i	et	London	hotell.
see-gahr'	ee	kah-feh'-en	ee	ett	lon'-don	hoo-tel'
cigar	in the	coffee-room	of	a	London	hotel.

Englenderen,	som	gjerne	ville	imponere	sin
en*g*-len'-ne*r*-ren	som	yair'-ne*r*	vil'-ler	im-poo-neh'-re*r*	sin
The Englishman,	who	gladly[1]	would[1]	impress	his

1 = wanted to.

kollega, fortalte om de uhyre forretninger
kol·leh´-gah for·tahl´-ter om dee oo·hEE´-rer for·ret´-ning-er
colleague, told of the enormous business

som gjøres av de store firmaer i London. Og,
som yö´-res ahv dee stoo´-rer feer´-mah-er ee lon´-don aw
which is done by the large firms in London. And

vet De, sa han, at forbruket av blekket
veht dee sah hähn äht for·broo´-ker ahv blek´-ker
know you, said he, that the consumption of (the) ink

til korrespondansen alene koster huset som
til kor·reh·spon·dang´-sen ah·leh´-ner kos´-ter hoo´-ser som
for the correspondence alone costs the house which

jeg representerer ikke mindre enn tre
yay reh·prai·sen·teh´-rer ick´-ker min´-drer enn treh
I represent not less than three

hundre pund om året. Det kan jeg
hoon´-drer poonn om aw´-rer deh kähn yay
hundred pounds in the year. That can I

godt tro, sa amerikaneren, for det
got troo sah ah·meh·ree·kah´-ner-ren for deh
well believe, said the American, because that

er nettopp det beløp som mitt hus hvert
air net´-op deh beh·löp´ som mit hoos vert
is exactly the amount which my house every

år sparer ved å utelate prikkene over
awr spah´-rer veh aw oo´-ter·lah·ter prick´-ker-ner oh´-ver
year saves by to omit (= omitting) the dots on

i-ene og linjene gjennom t-ene.
ee´-er-ner aw lin´-yer-ner yen´-nom teh´-er-ner
the i's and the strokes through the t's.

Har De hørt vidunderbarnet spille fiolin?
hahr dee hört vid-oon'-der-bahr-ner spil'-ler fee-oh-leen'?
Have you heard the wonderchild play violin?

De sier at han er bare åtte år gammel.
dee see'-er äht hähn air bah'-rer awt'-ter awr gähm'-mel
They say that he is only eight years old.

Ja, jeg hørte ham i Paris for tolv år siden.
yah yay hör'-ter hähm ee pah-rees' for toll awr see'-den
Yes, I heard him in Paris about twelve years ago.

En tigger som møtte en vennlig utseende
ehn tig'-gher som möt'-ter ehn ven'-le oot'-seh-en-ner
A beggar who met a kindly looking

gammel herre, sa: Herre, jeg har mistet mitt
gähm'-mel her'-rer sah her'-rer yay hahr mis'-tet mit
old gentleman, said: Sir, I have lost my

ben.—Den gamle herre: Det gjør meg ondt
behn den gähm'-ler her'-rer deh yör may oont
leg. — The old gentleman: It does[1] me hurt[1]

min venn, men jeg har ikke sett det noensteds.
min ven men yay hahr ick'-ker set deh noo'-en-stess
my friend, but I have not seen it anywhere.

Hvor gammel er du, gutten min?—Jeg er
voor gähm'-mel air doo goot'-ten min? yay air
How old are you, my boy? — I am

ti år gammel.—Og er du den eldste i
tee awr gähm'-mel aw air doo den el'-ster ee
ten years old. — And are you the eldest in (= of)

familien? — Nei, min far er eldre.
fah-mee'-lee-en? nay min fahr air el'-drer
the family? — No, my father is older.

1 = I am sorry.

Unnskyld	meg,	sa	en	herre	til	en	meget
oon'-shEEl	may	sah	ehn	her'-rer	til	ehn	meh'-get
Excuse	me,	said	a	gentleman	to	a	much-

talende	medreisende	som	forstyrret	ham:
tah'-len-ner	mehd'-rray-sen-ner	som	for-stEEr'-ret	hähm
talking[1]	fellow traveller	who	annoyed	him:

Hva	er	Deres	profesjon?—Jeg	er	en	" gentle-
vah	air	deh'-res	proo-feh-shoon'?	yay	air	ehn	gentl'-
What	is	your	profession? — I	am	a	"gentle-

man,"	var	det	overlegne	svar.—Åh!	sa	den
mähn	vahr	deh	aw'-ver-lehg-ner	svahr	awh!	sah	den
man,"	was	the	pompous	answer.—Ah!	said	the

annen,	det	er	da	klart	at	De	er	på	ferie.
ähn'-nen	deh	air	dah	klahrt	äht	dee	air	paw	feh'-ree-er
other,	it	is	then	clear[2]	that	you	are	on (a)	holiday.

Hun:	På	hvilken	tid	oppstod	brannen	i
hoonn	paw	vil'-ken	teed	op'-stoo	brähn'-nen	ee
She:	At	what	time	began	the fire	in

hotellet? — Han:	Omkring	midnatt. — Hun:
hoh-tel'-ler?	hähn	om'-kring	mid'-näht	hoonn
the hotel? — He:	About	midnight. — She:

Og	ble	alle	reddet? — Han:	Ja,	alle
aw	bleh	ähl'-ler	red'-det?	hähn	yah	ähl'-ler
And	were	all	saved? — He:	Yes,	all

unntagen	nattvakten.	De	kunne	ikke
oon'-tah-ghen	näht'-vähk-ten	dee	koon'-ner	ick'-ker
except	the night watchman.	They	could	not

få	vekket	ham	i	tide.
faw	vek'-et	hähm	ee	tee'-der
get	awakened	him	in	time.

1 = very talkative;   2 = evident.

NINTH LESSON.

The following Verbs (AUXILIARIES OF MOOD) are very simple in Norwegian, but as there are several ways of translating them into English, they should be carefully studied.

kunne (koon'-ner)   CAN, TO BE ABLE
måtte (mawt'-ter)   MUST, TO BE OBLIGED, allowed; may
burde (boor'-der)   OUGHT TO, HAVE TO, ARE TO

Conjugation of the above Auxiliary Verbs.

INFINITIVE.		PRESENT.	PAST.	PAST PARTICIPLE.
CAN	kunne	kan (kăhn)	kunne (koon'-ner)	kunnet (koon'-net)
MUST	måtte	må (maw)	måtte (mawt'-ter)	måttet (mawt'-tet)
OUGHT	burde	bør (bör)	burde (boor'-der)	burdet (boor'-det)

The verb used with these Auxiliaries is in the Infinitive, but NOT preceded by å. Examples:

kunne
jeg kan gå, I can go
jeg kunne gå, I could go
jeg har kunnet gå,
    I have been able to go

måtte
jeg må gå, I must go
jeg måtte gå, I was obliged to go
jeg har måttet gå,
    I have been obliged to go

burde
jeg bør gå, I ought to go
jeg burde ha gått, I ought to have gone
jeg har burdet gå, I have had to go

33.

1. vi kan, kan de? han kunne ikke; 2. hun har ikke kunnet, kunne De ikke? 3. må han? De må ikke; 4. vi måtte, måtte de ikke? 5. jeg bør, bør De? 6. hun bør, burde de ikke?

33a.

1. we can, are they able to? he could not *or* was not able to; 2. she has not been able to, were you not able to? 3. must he? you must not *or* are not obliged to; 4. we were obliged to, were they not obliged to? 5. I ought, ought you? 6. she ought, ought they not?

34.

1. jeg kan betale; 2. kunne de ikke betale?
3. hun må gå nå; 4. de måtte ikke komme;
5. jeg kan ikke forstå dette; 6. han kunne ikke
skrive det; 7. burde jeg si det? 8. De bør
spørre om det; 9. han har måttet gå hjem;
10. de burde ha ventet på oss.

34a.

1. I can pay; 2. could they not pay? 3. she has
to go now; 4. they were not allowed to come; 5. I
cannot understand this; 6. he was not able to write it;
7. ought I to *or* should I say that? 8. you ought to ask
for it; 9. he has been obliged to go home; 10. they
ought to have waited for us.

---

skal and vil (SHALL and WILL), skulle and ville
(SHOULD and WOULD), besides forming the FUTURE and
CONDITIONAL of all Verbs, as explained in the previous
lesson, are also used in the following manner:

skal to express command, and skulle to express duty, as:
De skal gå you must go; De skulle gå you should go

vil, ville to express a wish or desire, as:
jeg vil gå I wish to go; jeg ville gå I would like to go

THE COMPARISON OF ADJECTIVES.

In Norwegian, the Comparative of most Adjectives is
formed by adding **ere** to the ordinary form (Positive); and
the Superlative by adding **est**. Examples:

POSITIVE.	COMPARATIVE.	SUPERLATIVE.
easy, lett, let	easier, lettere, let'-ter-rer	easiest, lettest, let'-est
high, høy, höy	higher, høyere, höy'-er-rer	highest, høyest, höy'-est
new, ny, NEE	newer, nyere, NEE'-er-rer	newest, nyest, NEE'-est
rich, rik, reek	richer, rikere, ree'-ker-rer	richest, rikest, reek'-est
pretty, pen, pehn	prettier, penere, peh'-ner-rer	prettiest, penest, pehn'-est
short, kort, kort	shorter, kortere, kor'-ter-rer	shortest, kortest, kort'-est

The Superlative takes a final **e** when preceded by a Determinative (den, det, hans, min, etc.), whether used with the Noun or in the place of the Noun, as:

the newest book	den nyeste bok	the highest house	det høyeste hus
his (book) is the	hans (bok) er	this (house) is the	dette (hus) er
newest	den nyeste	highest	det høyeste

35.

1. en kort dag, kortere dager, den korteste dag;
2. en høy pris, høyere priser, den høyeste pris;
3. den pene blomst, penere blomster, de peneste blomster; 4. dette er lett, er det lettere? dette er det letteste; 5. han er rik, de er rikere, hvem er den rikeste? 6. det er et pent bilde, disse bilder er også pene.

35a.

1. a short day, shorter days, the shortest day; 2. a high price, higher prices, the highest price; 3. the pretty flower, prettier flowers, the prettiest flowers; 4. this is easy, is that easier? this is the easiest; 5. he is rich, they are richer, who is the richest? 6. that is a pretty picture, these pictures are also pretty.

Adjectives ending in **ig** or **som** add in the Superlative **st** instead of **est**. The Comparative remains **ere**. Ex.:

POSITIVE.	COMPARATIVE.	SUPERLATIVE.
cheap, billig	cheaper, billigere	cheapest, billigst
bil'-le	bil'-le-*er*-*rer*	bil'-ligst
happy, lykkelig	happier, lykkeligere	happiest, lykkeligst
lEEk'-ker-le	lEEk'-ker-le-*er*-*rer*	lEEk'-ker-ligst
industrious, flittig	more industrious,	most industrious,
flit'-te	flittigere	flittigst
	flit'-te-*er*-*rer*	flit'-tigst
amusing, morsom	more amusing,	most amusing,
mor'-som	morsommere*	morsomst
	mor'-som-m*er*-*rer*	mor'-somst

* double **m** before adding the termination **ere**.

36.

1. lykkelige år, det lykkeligste år, lykkeligere år;
2. det̄e er ikke morsomt, er det morsommere? de
morsomste mennesker; 3. en flittig gutt, hun må
være flittigere, de er de flittigste; 4. dette ·er
billig, det er billigere, disse er de billigste.

36a.

1. happy years, the happiest year, happier years;
2. this is not amusing, is that more amusing? the most
amusing people; 3. an industrious boy, she must be more
industrious, they are the most industrious; 4. this is
cheap, that is cheaper, these are the cheapest.

Adjectives ending in **el, en, er,** drop the **e** before
adding the terminations **ere** and **est.** Examples:

POSITIVE.	COMPARATIVE.	SUPERLATIVE.
noble, **edel**	nobler, **edlere**	noblest, **edlest**
eh'-del	ehd'-le*r*-*rer*	ehd'-lest
lazy, **doven**	lazier, **dovnere**	laziest, **dovnest**
doh'-ven	dohv'-n*er*-*rer*	· dohv'-nest
merry, **munter**	merrier, **muntrere**	merriest, **muntrest**
moon'-ter	moon'-tr*er*-*rer*	moon'-trest
THAN **enn** (enn)	STILL, YET **ennå** (en'-naw)	

The following Pronouns take **e** when used with a Plural
Noun or in the place of it.

MY ⎱	min plur. **mine**	HIS ⎱	**sin*** plur. **sine**
MINE ⎰	min mee'-n*er*	HER, HERS ⎰	sin see'-n*er*
YOUR† ⎱	**Deres** ,, **deres**	OUR ⎱	**vår** ,, **våre**
YOURS ⎰	deh'-res deh'-res	OURS ⎰	vawr vaw'-*rer*

* For the use of **sin, sitt, sine,** etc., and for further declension of
Pronouns, see List of Pronouns and Notes.

† Familiar Form: **din** (din); plural: **dine** (dee'-n*er*), THINE.

37.

1. Denne gutt er muntrere enn du. 2. Hvor
du er doven! 3. De er flittigere enn Deres bror.
4. Hun er den muntreste. 5. Han er en edlere

mann enn jeg tenkte. 6. Det var en edel hand-
ling.[1] 7. Vårt hus er høyere enn Deres. 8. Dine
blomster er penere enn våre, men våre er de
billigste. 9. Jeg så dine søskende i dag. 10. Han
snakker med sine venner.

1 hăhnd'-lin*g* (action, deed).

37a.

1. This boy is merrier than you (are). 2. How lazy you
are (= how you are lazy)! 3. You are more clever than
your brother. 4. She is the merriest. 5. He is a nobler
man than I thought. 6. That was a noble action. 7. Our
house is higher than yours. 8. Your flowers are prettier
than ours, but ours are the cheapest. 9. I saw your
brothers and sisters to-day. 10. He is talking to (= with)
his friends.

In Comparisons, AS ... AS *or* JUST AS ... AS is rendered
by likeså ... som (lee'-k*er*-saw ... som); NOT SO ... AS is
rendered by ikke så ... som (ick'-k*er* saw ... som).

AS large AS this	likeså stor som denne
NOT SO large AS that	ikke så stor som den

38.

1. Han er ikke så rik som sin bror. 2. Min
pipe er likeså god som Deres. 3. Er Deres veske
likeså ny som min? 4. Det er ikke så lett som
de sa. 5. Hun er likeså fattig som jeg. 6. Er
disse bøker likeså dyre som Deres? 7. Vi har
ikke så mange billeder som hun har. 8. Mitt hus
har likeså mange vinduer som hans.

38a.

1. He is not so rich as his brother. 2. My pipe is as good
as yours. 3. Is your bag as new as mine? 4. It is not so
easy as they said. 5. She is as poor as I (am). 6. Are
these books as dear as yours? 7. We have not so many
pictures as she has. 8. My house has just as many windows
as his.

USEFUL PHRASES.

You must begin now.	1	De må begynne nå.
I cannot begin to-day.	2	Jeg kan ikke begynne i dag.
Ought I to do it?	3	Bør jeg gjøre det?
I shall pay this.	4	Jeg skal betale dette.
Could you not pay it?	5	Kunne De ikke betale det?
Will he sell the house?	6	Vil han selge huset?
He is going to (=will) sell it.	7	Han vil selge det.
Who would buy that house?	8	Hvem ville kjøpe det huset?
She must not wait for us.	9	Hun må ikke vente på oss.
We ought to go now.	10	Vi burde gå nå.
He started (for) an hour ago.	11	Han gikk for en time siden.
When do you start (=go)?	12	Når går De?
I cannot understand it.	13	Jeg forstår det ikke.
You must not smoke here.	14	De må ikke røke her.
May we smoke there?	15	Kan vi røke der?
How soon can you do it?	16	Hvor snart kan De gjøre det?
I could not help it.	17	Jeg kunne ikke hjelpe for det.
It was not my fault.	18	Det var ikke min skyld.
I am sorry that I cannot come.	19	Jeg beklager at jeg ikke kan komme.

Imitated Pronunciation of the above Phrases.

1. dee maw beh-YEEN'-ner naw
2. yay kähn ick'-ker beh-YEEN'-ner ee dah*g*
3. bör yay yö'-rer deh?
4. yay skähl beh-tah'-ler det'-ter
5. koon'-ner dee ick'-ker beh-tah'-ler deh?
6. vil hähn sel'-ler hoo'-ser?
7. hähn vil sel'-ler deh
8. vehm vil'-ler hgö'-per deh hoo'-ser?
9 hoonn maw ick'-ker ven'-ter paw oss
10. vee boor'-der gaw naw

11. hähn yik for ehn tee'-mer see'-den
12. nawr gawr dee?
13. yay for'-stawr deh ick'-ker
14. dee maw ick'-ker rö'-ker hair
15. kähn vee rö'-ker dair?
16. voor snahrt kähn dee yö'-rer deh?
17. yay koon'-ner ick'-ker yel'-per for deh
18. deh vahr ick'-ker min shEEl
19. yay beh-klah'-gher äht yay ick'-ker kähn kom'-mer

Explanatory Notes to the above Phrases.

17. literally: I could not help for it.   19. literally: I regret, etc.

EASY READING,

with Imitated Pronunciation and Literal Translation.

Den   besøkende[1] :   Er   fru   Smidt   hjemme?—
den   beh-sö'-ken-n*er*   air   froo   smit   yem'-m*er*?
(The)   visitor: Is   Mrs.   Smith   at home? —

Piken: Nei,   fruen   er ikke hjemme.—Den
pee'-ken   nay   froo'-en   air ick'-k*er* yem'-m*er*   den
(The) maid: No (sir), the mistress is   not   at home.—(The)

besøkende: Vær   så   vennlig   å   gå   inn   og   spør
beh-sö'-ken-n*er*   vair   saw   ven'-l*e*   aw   gaw   in   aw   spör
visitor: Be   so   kind   to   go   in   and   ask

henne når jeg kan treffe[2] henne hjemme.[2] — Piken
hen'-n*er* nawr yay   kähn   tref'-f*er* hen'-n*er*   yem'-m*er*   pee'-ken
her   when I   can   meet   her   at home.—(The) maid

(i   det   hun   går   inn): Ja,   med   fornøyelse.
ee   deh   hoonn   gawr   in   yah   meh   for-nöy'-el-s*er*
(as   she   goes   in): Yes (sir), with   pleasure.

Den berømte   engelske   statsmann   Charles Fox,
den   beh-röm'-t*er*   en*g*'-el-sk*er*   stahts'-mähn   Charles   Fox
The   celebrated   English   statesman   Charles   Fox,

veddet   en   gang   med   prinsregenten   om,   at
ved'-det   ehn   gähng   meh   prins'-reh-ghen-ten   om   äht
betted   once   with   the Prince Regent (about) that

han   kunne   telle   flere   katter   i   Pall-Mall   enn
hähn   koon'-n*er*   tel'-l*er*   fleh'-r*er*   käht'-ter   ee   Pall-Mall   enn
he   could   count   more   cats   in   Pall-Mall   than

prinsen.   De   bestemte   da   å   gå   ned   på
prin'-sen.   dee   beh-stem'-t*er*   dah   aw   gaw   nehd   paw
the Prince. They   arranged   therefore to   go   down   on

1 Adjective used as Noun; 2 å treffe hjemme, to meet (= to
find) at home.

motsatte sider av gaten, og prinsen fikk lov
moot'-säht-ter see'-der ahv gah'-ten aw prin'-sen fik lohv
opposite sides of the street, and the Prince got permission

til å velge sin side. Ved enden av gaten
til aw vel'-gher sin see'-der veh en'-nen ahv gah'-ten
(for) to choose his side. By (=at) the end of the street

hadde prinsen bare sett to katter, mens Fox
hähd'-der prin'-sen bah'-rer set too käht'-ter mehns Fox
had the Prince only seen two cats, while Fox

hadde talt tretten. Da pengene var betalt,
hähd'-der tahlt treht'-ten dah peng'-er-ner vahr beh'-tahlt
had counted thirteen. When the money was paid,

bemerket Fox at han hadde -vært ganske
beh-mair'-ket Fox äht hähn hähd'-der vairt gähns'-ker
remarked Fox that he had been quite

sikker på, at han skulle vinne. Hvorfor det?
sik'-ker paw äht hähn skool'-ler vin'-ner voor'-for deh?
sure (of) that he should win. Why that (=so)?

spurte prinsen. — Jo, svarte Fox, jeg ga
spoor'-ter prin'-sen yoh svahr'-ter Fox yay gah
asked the Prince.—Yes (=well), answered Fox, I gave

Deres Kongelige Høyhet fritt valg mellem
deh'-res kong'-er-lee-er höy'-het frit vählg mel'-lem
Your Royal Highness free choice between

sidene; jeg visste De ville velge skyg-
see'-der-ner yay vis'-ter dee vil'-ler vel'-gher shEE'-
the sides; I knew you would choose the shade;

gen; men kattene foretrekker solen.
ghen men käht'-ter-ner foh'-rer-trek-ker soo'-len
but the cats prefer the sun.

Debitor: Jeg kan ikke betale Dem denne
deh'-bee-toor yay kähn ick'-ker beh-tah'-ler dem den'-ner
Debtor: I can not pay you this

måned. — Kreditor: Akkurat det samme for-
maw'-ned kreh-'dee-toor ähk'-koo-raht deh sähm'-mer for-
month. — Creditor: Exactly the same

talte De meg forrige måned. — Debitor:
tahl'-ter dee may fohr'-yer maw'-ned deh'-bee-toor
told you me previous[1] month. — Debtor:

Vel, og har jeg ikke holdt mitt ord?
vel aw hahr yay ick'-ker holt mit oor?
Well, and have I not held[2] my word?

Noen besøkende[3] beså et engelsk fengsel
noo'-en beh-sö'-ken-ner beh-saw' ett eng'-elsk feng'-sel
Some visitors looked over an English prison

ute på landet, under ledsagelse av fange-
oo'-ter paw lähn'-ner oon'-ner lehd'-sah-ghel-ser ahv fahng'-er-
out on (=in) the country, under escort of the

vokteren. Etter en liten stunds forløp kom de
vock'-ter-en et'-ter ehn lee'-ten stoons for-löp' kom dee
warder. After a little while (had passed) came they

til et værelse hvor der satt tre kvinner og sydde.
til ett vai'-rel-ser voor dair sähtt treh kvin'-ner aw SEED'-der
to a room where there sat three women and sewed.[4]

Nei, hvor de ser ryggesløse ut! hvisket en av
nay voor dee sehr REEG'-ghes-lö-ser oot! vis'-ket ehn ahv
No(=oh), how-they-see-vicious-out[5]! whispered one of

de besøkende. Si meg hva er de her for?—
dee beh-sö'-ken-ner see may vah air dee hair for?
the visitors. Tell me, what are they here for?

1 = last;   2 = kept;   3 same form Singular and Plural;
4 = sewing;   5 = how vicious they look!

Fordi de ikke har noe annet hjem. Dette
for-dee' dee ick'-ker hahr noo'-er ähn'-net yem det'-ter
Because they not have any other home. This

er vår dagligstue, og det er min kone og
air vawr dahg'-le-stoo-er aw deh air min koo'-ner aw
is our sitting-room, and that-is[1] my wife and

mine to døtre, svarte fangevokteren blidt.
mee'-ner too döt'-rer svahr'-ter fahng'-er-vock'-ter-en blit
my two daughters, answered the warder placidly.

En dag hadde en ulv tatt et får fra en
ehn dahg hähd'-der ehn oolv täht ett fawr frah ehn
One day had a wolf taken a sheep from a

flokk og var i ferd med å bære det hjem til
flock aw vahr ee faird meh aw bai'-rer deh yem til
fold and was about to carry it home to

sin egen hule, da den møtte en løve som
sin eh'-ghen hoo'-ler dah den möt'-ter ehn lö'-ver som
his own den, when he met a lion, who

straks tok fåret og bar det bort.
strähks took faw'-rer aw bahr deh boort
immediately took the sheep and carried it away.

Ulven ropte at det var en stor skam at løva
ool'-ven rop'-ter aht deh vahr ehn stoor skähm äht lö'-vah
The wolf cried that it was a great shame that the lion

hadde plyndret den. Løva lo og sa: Så var
hähd'-der plEEn'-dret den lö'-vah loo aw sah saw vahr
had robbed him. The lion laughed and said: So was

det vel din gode venn hyrden, som ga deg det?
deh vel din goo'-er ven hEEr'-den som gah day deh?
it well[2] your good friend the shepherd, who gave you it?

1 = those are; 2 = I suppose.

TENTH LESSON.

The IMPERATIVE of Norwegian Verbs is the same as the Stem of the Verb, as:

gå! go!	kjøp! buy!	spør! ask!	tal! speak!	vent! wait!
gaw!	hgöp!	spör!	tahl!	vent!

39.

1. tal til meg, tal ikke til ham;   2. kjøp dette, kjøp ikke det;   3. gå med ham, gå ikke med dem; 4. vent på meg, vent ikke på oss;   5. spør dem, spør ikke meg;   6. skriv ikke brevet, skriv det; 7. gi boka til meg, gi den til henne;   8. selg bøkene, selg ikke denne boka;   9. kom i dag, kom ikke i morgen;   10. betal ikke mennene, betal dem.

39a.

1. speak to me, do not speak to him;   2. buy this, do not buy that;   3. go with him, do not go with them;   4. wait for me, do not wait for us;   5. ask them, do not ask me; 6. do not write the letter, write it;   7. give the book to me, give it to her;   8. sell the books, do not sell this book; 9. come to-day, do not come to-morrow;   10. do not pay the men, pay them.

---

to do	å gjøre*	to listen to	å høre på	everybody	enhver
	yö'-rer		hö'-rer paw		en-vair'
to know (a thing)	å vite*	to receive	å motta	somebody } anybody }	en or noen
	vee'-ter		moot'-tah		ehn, noo'-en
to know (a person)	å kjenne	difficult	vanskelig	nobody	ingen
	hgen'-ner		văhn'-sker-le		ing'-en
to take	å ta	possible	mulig	if	hvis
	tah		moo'-le		viss
to get	å få	impossible	umulig	so	så
	faw		oo-moo'-le		saw

* å gjøre and å vite, by exception, form the PRESENT TENSE irregularly.

I do   jeg gjør (yör)   NOT gjører
I know   jeg vet (veht)   ,,   viter

For full Conjugation of these and all Verbs, see Lists of Verbs.

40.

1. Hør på hva jeg sier.   2. Ingen hørte på ham.
3. Gjør det nå, hvis det er mulig.   4. Det er
umulig å lese dette.   5. Kjenner De noen i denne
by?   6. Jeg har mottatt Deres brev.   7. Får De
mange brev fra dem?   8. Det er ikke lett å tale
norsk.   9. Er det for vanskelig for Dem?   10. Ta
min bok, hun har tatt Deres.   11. Vet De hvor de
bor?   12. Vi har kjent dem i mange år.   13. En-
hver burde vite det.   14. En må ha sett det.

40a.

1. Listen to what I say.   2. Nobody was listening to
him.   3. Do it now, if (it is) possible.   4. It is impossible
to read this.   5. Do you know anybody in this town?   6. I
have received your letter.   7. Do you get many letters from
them?   8. It is not easy to speak Norwegian.   9. Is it
too difficult for you?   10. Take my book, she has taken
yours.   11. Do you know where they live?   12. We have
known them for (= in) many years.   13. Everybody ought
to know that.   14. Somebody must have seen it.

---

lesson	lekse	plur.	lekser		way	vei	plur.	veier
	lek′-*ser*		lek′-ser			vay		vay′-er

watch { ur (n.) „ ur
        klokke „ klokker | word   ord (n.)   „   ord
EEr, klock′-ke*r* EEr, klock′-ker | oor   oor

41.

1. Kan De ikke lære denne lette lekse?   2. Jeg
kunne ikke forstå de vanskelige ord.   3. Har De
et godt ur? disse klokker er ikke gode.   4. Vet De
veien til byen?   5. Det er den korteste vei.
6. Mange mennesker reiser med nattoget.   7. Mitt

ord er likeså godt som Deres. 8. Ordene var ikke
vanskelige å lese. 9. Gå og se hvem som er i
værelset. 10. Jeg kjenner ikke den herren.

41a.

1. Can you not learn this easy lesson? 2. I could not
understand those difficult words. 3. Have you a good
watch? these watches are not good. 4. Do you know the
way to the town? 5. That is the shortest way. 6. Many
people travel by (= with) the night train. 7. My word is
as good as yours. 8. The words were not difficult to read.
9. Go and see who (that) is in the room. 10. I do not
know that gentleman.

The following Adjectives are Irregular in the Comparison.

POSITIVE.	COMPARATIVE.	SUPERLATIVE.
good god goo	better bedre beh'-drer	best best best
bad { dårlig ond dawr'-le, oon	worse værre vair'-rer	worst værst vairst
old gammel găhm'-mel	older } elder } eldre el'-drer	oldest } eldest } eldst elst
young ung oong	younger yngre EEng'-rer	youngest yngst EEngst
large } great } stor stoor	larger } greater } større stör'-rer	largest } greatest } størst störst
long lang lăhng	longer lengre leng'-rer	longest lengst lengst
small } little } liten lee'-ten	smaller } less } mindre min'-drer	smallest } least } minst minst
much { meget mye meh'-get, mEE'-er	more mer mehr	most mest mest
many mange măhng'-er	more flere fleh'-rer	most flest flest
few få faw	fewer færre fair'-rer	fewest færrest fair'-rest

42.

1. det eldste hus, de største værelser;   2. større bord, mindre stoler;   3. gode år, bedre år, det beste år;   4. mange venner, flere venner, færre venner;   5. lengre tog, det lengste tog;   6. en ung mann, yngre menn;   7. den yngste gutt, små piker, det minste barn;   8. få bøker, færre bøker, de færreste bøker;   9. dette er dårlig, det er værre, det var meget dårlig;   10. mer av dette, og mest av det.

42a.

1. the oldest house, the largest rooms;   2. larger tables, smaller chairs;   3. good years, better years, the best year;   4. many friends, more friends, fewer friends;   5. longer trains, the longest train;   6. a young man, younger men;   7. the youngest boy, small girls, the smallest child;   8. few books, fewer books, the fewest books;   9. this is bad, that is worse, it was very bad;   10. more of this, and most of that.

43.

1. Jeg er eldre enn han, hun er den eldste. 2. Denne gate er lengre enn vår, Deres er den lengste. 3. Deres værelser er gode, men mine er bedre. 4. Han er ikke den yngste, hun er yngre. 5. Det er ikke mye lys* der, vi har mer lys her. 6. De har færre bilder enn vi, men Deres bilder er vakrere.

43a.

1. I am older than he, she is the eldest.   2. This street is longer than ours, yours is the longest.   3. Your rooms are good, but mine are better.   4. He is not the youngest, she is younger.   5. There is not much light there, we have more light here.   6. You have fewer pictures than we, but your pictures are prettier.

* light (LEES).

USEFUL PHRASES.

Do you understand all this?	1	Forstår De alt dette?
I understood what he said.	2	Jeg forsto hva han sa.
So did I.	3	Det gjorde jeg også. [navn.
She does not know my name.	4	Hun kjenner ikke mitt
Do you know who it is?	5	Vet De hvem det er?
I did not know that lady.	6	Jeg kjente ikke den damen.
We have known them (in)	7	Vi har kjent dem i mange
Certainly! [many years.	8	Ganske sikkert! [år.
What do you want?	9	Hva ønsker De?
He told me that (= so).	10	Han fortalte meg det.
Will you say it again?	11	Vil De si det igjen?
That is very good.	12	Det er meget bra.
This is not so good.	13	Dette er ikke så bra.
These are the best.	14	Disse er de beste.
Be careful!	15	Vær forsiktig!
I assure you.	16	Jeg forsikrer Dem.
I promise you.	17	Jeg lover Dem.
Of course!	18	Naturligvis!
Without doubt.	19	Uten tvil.
As you will (= like).	20	Som De vil.

Imitated Pronunciation of the above Phrases.

1. for-stawr' dee ăhlt det'-ter?
2. yay for-stoo' vah hähn sah
3. deh yoo'-rer yay aw'-saw
4. hoonn hgen'-ner ick'-ker mit nahvn
5. veht dee vehm deh air?
6. yay hgen'-ter ick'-ker den dah'-men
7. vi hahr hgent dem ee mähng'-er awr
8. gähn'-sker sik'-kert!
9. vah öns'-ker dee?

10. hähn for-tahl'-ter may deh
11. vil dee see deh ee-yen'?
12. deh air meh'-get brah
13. det'-ter air ick'-ker saw brah
14. dis'-ser air dee bes'-ter
15. vair for-sik'-te!
16. yay for-sik'-rer dem
17. yay loh'-ver dem
18. nah-toor'-le-vees!
19. oo'-ten tveel
20. som dee vil

Explanatory Notes to the above Phrases.

3. literally: that did I also.   8. literally: quite decidedly.

EASY READING,

with Literal Translation into English, and Imitated Pronunciation of difficult words.

The small numbers 1, 2, 3, etc., refer to the imitated pronunciation given below.

Den lille piken: Bestefar[1]! var du i "Arken"?
Nei, det var jeg ikke.
Men, Bestefar, hvorfor druknet du ikke?

1 beh'-ster-fahr.

The little girl: Grandfather! were you in the ark? (= with Noah in the ark?)
No, I was not there.
But, grandfather, why did you not drown?

En engelsk herre eide[1] en apekatt som pleide å sitte inne hos ham når han leste avisen. En dag var herren gått til byen og apekatten var alene i værelset. En liten stund etter skulle tjeneren gå der inn og hente noe. Da satt apekatten i sin herres stol og leste avisen. Riktignok[2] hadde apekatten snudd[3] avisen opp ned, men lesningen gikk[4] visst like bra for det.

1 ay'-der; 2 rik'-te-nock; 3 snood; 4 yik.

An English gentleman owned (= had) a monkey, which was accustomed to sit within with him when he read the newspaper. One day was the gentleman gone to the town and the monkey was alone in the room. A little while after had the servant to go in and fetch something. There sat the monkey in his master's chair and read the newspaper. True enough (= it is true) had the monkey turned the paper upside down, but the reading went probably equally well for that.

Etter slaget.[1]—En fransk soldat, som var tatt[2] til fange[2] var brakt inn til hertugen av Marlborough. Hertugen, som beundret mannens krigerske[3] utseende,[4] sa til ham: Hvis Frankrike hadde hatt mange menn som Dem, skulle vi ikke ha vunnet slaget. Unnskyld[5] meg, herre, svarte fangen: Hvis vi hadde hatt en mann som Dem, skulle vi ikke ha tapt det.

1 slah'-gher; 2 tǎht til fǎhng'-er; 3 kree'-gher-sker; 4 oot'-seh-en-ner; 5 oon'-shEEl.

After the battle.—A French soldier, who was taken prisoner, was brought into (= before) the Duke of Marlborough. The Duke, who admired the man's warlike appearance, said to him: If France had had many men like you, should we not have won the battle.—Excuse me, sir, answered the prisoner: If we had had one man like you, should we not have lost it.

En konge som engang reiste gjennom sitt land, passerte[1] en mark hvor bare en kvinne gikk og arbeidet.

Hvor er dine kamerater[2]? spurte han.

De er alle gått hen for å se kongen, og derved taper de en hel dags arbeide. Jeg har fem barn å forsørge og har ikke råd[3] til å gå og se kongen.

Kongen la noen penger i hennes hånd og sa: Fortell dine venner at kongen kom og talte til deg.

1 pǎhs-sehr'-ter; 2 kah-meh-rah'-ter; 3 raw.

A king who once travelled through his country, passed a field where only one woman went and worked (= was working).

Where are your companions? asked he.

They are all gone to see the king, and thereby lose they a whole day's work. I have five children to provide for and have no means (= cannot afford) for to go and see the king.

The king put some money into her hand, and said: Tell your friends that the king came and talked to you.

På et indisk marked.—En kjøpmann som hadde en stor elefant[1] til salgs så en englender gå rundt om elefanten og undersøke[2] den nøye.[3] Kjøpmannen gikk hen til ham og hvisket[4]: Jeg vil gi Dem en presang hvis De vil love ikke å si noe om det før jeg har solgt dyret.

Godt, sa englenderen.

Da kjøpmannen hadde solgt elefanten, ga han englenderen en tiendedel[5] av pengene han hadde fått for den. Si meg nå, sa han, hvordan kunne De oppdage feilen på elefantens venstre forben[6]? Jeg trodde at den var ganske skjult.[7]

Men jeg fant ingen feil, sa englenderen.

Vil De da si meg hvorfor De undersøkte elefanten så omhyggelig[8]?

Ja, gjerne det, jeg hadde aldri sett en elefant, og ville derfor gjerne vite hvordan den så ut.

1 eh-l*er*-fähnt';   2 oon'-er-sö-k*er*;   3 nöy'-*er*;   4 viss'-ket; 5 tee'-en-n*er*-dehl;   6 for'-behn;   7 shoolt;   8 om-hEE*g*'-gh*er*-le.

At an Indian Market.—A merchant who had a large elephant for sale, saw an Englishman go round about the elephant and examine it thoroughly. The merchant went up to him and whispered: I will give you a present if you will promise not to say anything about it before (= till) I have sold the animal.

Good, said the Englishman.

When the merchant had sold the elephant, gave he the Englishman a tenth part of the money he had got for it. Tell me now, said he, how could you detect the fault (= blemish) on the elephant's left foreleg? I believed that it was quite concealed.

But I found no fault, said the Englishman.

Will you then tell me why you examined the elephant so carefully?—Yes, gladly that (= with pleasure); I had never seen an elephant and would therefore gladly (= like to) know how it saw out (= what it was like).

Gammel dame: Konduktør[1]! stopper dette toget i London?

Konduktøren: Ja, frue, hvis det ikke stopper der vil De få se det største ulykkestilfelle[2] De noensinne[3] har sett i Deres liv.[4]

1 kon-dook-tör'; 2 oo-lEEK'-kes-til-fel-ler; 3 noo'-en-sin-ner; 4 leev.

Old lady: Guard! does this train stop at London?

The guard: Yes (= well), madam, if it does not stop there, you will (get to) see the biggest accident you ever have seen in your life.

Wallenstein og soldaten.—Wallenstein møtte engang en soldat utenfor leiren.[1] Han trodde at soldaten var gått ut for å plyndre.[2] Dette var strengt forbudt,[3] og Wallenstein befalte derfor at soldaten skulle henges. Den ulykkelige beviste sin uskyldighet,[4] men Wallenstein svarte: Så kan man henge deg uskyldig; desto mer vil de skyldige reddes.—Da ble soldaten rasende og for[5] imot Wallenstein og ville drepe ham. Men andre soldater sprang til og avvæpnet[6] ham. La ham nå løpe, sa feltherren. Dette vil skape skrekk[7] nok.

1 lay'-ren; 2 plEEN'-drer; 3 for-boot'; 4 oo-shEEL'-de-het; 5 foor; Past Tense of fare, to rush; 6 ahv'-vaip-net; 7 skreck.

Wallenstein and the soldier.—Wallenstein met once a soldier outside the camp. He believed (= thought) that the soldier had gone out for to pillage. This was strictly forbidden, and Wallenstein commanded therefore that the soldier should be hanged. The unfortunate man proved his innocence, but Wallenstein replied: So (= then) can they hang you innocent; so much the more will the guilty ones be afraid. Then the soldier became frantic and rushed towards Wallenstein and would kill him. But other soldiers sprang forward and disarmed him.—Let him now run (= go), said the general, this will create (= cause) fear enough.

ELEVENTH LESSON.

In Norwegian, the PASSIVE VOICE is generally formed with the help of the Auxiliary å bli (blee), TO BE or TO BECOME, followed by the Past Participle of the Verb.

Conjugation of å bli.

INFINITIVE.	PRESENT.	PAST.	PAST PARTICIPLE.
å bli (blee)	blir (bleer)	ble (bleh)	blitt (blit)

The Compound Tenses of å bli are formed with være, TO BE. Examples:

ORDINARY FORM.	PASSIVE FORM.
to praise, å rose (roo'-ser)	to be praised, å bli rost
I praise, jeg roser (roo'-ser)	I am praised, jeg blir rost
I praised, jeg roste (roo'-ster)	I was praised, jeg ble rost
I have praised, jeg har rost (roost)	I have (= am) been praised, jeg er blitt rost
I had praised, jeg hadde rost	I had (= was) been praised, jeg var blitt rost
I shall praise, jeg skal rose	I shall be praised, jeg skal bli rost
I should praise, jeg skulle rose	I should be praised, jeg skulle bli rost

The PASSIVE can also be expressed by adding s to the ordinary form of the Verb. The final r of the Present Tense is then replaced by s. Examples:

to be praised, å roses (roo'-ses)

I am praised, jeg roses (roo'-ses)	I shall be praised, jeg skal roses
I was ,, jeg rostes (roo'-stes)	I should be ,, jeg skulle roses

This form is used only for the simple Present and Past Tenses, and sometimes for the Infinitive (after skal or skulle). The PASSIVE form with bli is more generally used for ALL tenses, both simple and compound.

The Negative usually stands after the verb in simple tenses, and after the Auxiliary in compound tenses.

44.

1. det høres *or* det blir hørt;   2. det hørtes *or*
det ble hørt;   3. det er blitt gjort;   4. det skal
ikke gjøres;   5. det selges *or* det blir solgt;   6. det
kjøpes ikke *or* det blir ikke kjøpt;   7. er det blitt
funnet?   8. det kan ikke finnes.

44a.

1. it is heard;   2. it was heard;   3. it has been done;
4. it shall not be done;   5. it is sold;   6. it is not bought;
7. has it been found?   8. it cannot be found.

to be paid (for)	å bli betalt *or* å betales
	beh-tahlt′ beh-tah′-les
to be forgotten	å bli glemt *or* å glemmes
	glemt glem′-mes
to be deceived	å bli bedratt *or* å bedrages
	beh-dräht′ beh-drah′-ghes
to be punished	å bli straffet *or* å straffes
	strähf′-fet strähf′-fes

The Passive, both with s and with bli, generally corres-
ponds in the SIMPLE TENSES with the English expression
'is being,' 'was being,' etc., expressed or understood, as:

he is (being) praised	**han roses** *or* **han blir rost**
she was (being) praised	**hun rostes** *or* **hun ble rost**

45.

1. det betales *or* det blir betalt;   2. ble det
ikke betalt?   3. det skal bli betalt;   4. jeg straffes
or jeg blir straffet;   5. han er ikke blitt straffet;
6. hvem bedrages *or* hvem blir bedratt?   7. vi er
blitt bedratt;   8. de vil ikke bli bedratt;   9. det
glemmes, det skal ikke bli glemt;   10. ble hun
rost? de blir ikke rost.

45a.

1. it is (being) paid for;   2. was it not paid for?   3. it
will be paid;   4. I am (being) punished;   5. he has not been

punished; 6. who is deceived? 7. we have been deceived; 8. they will not be deceived; 9. it is forgotten, it shall not be forgotten; 10. was she praised? they are not (being) praised.

46.

1. Vi er blitt bedratt av denne mannen. 2. Vil gutten bli straffet for at han glemte det? 3. Pengene må betales. 4. Pengene er allerede blitt betalt. 5. Er boka ennå ikke (blitt) funnet? 6. Jo, den ble funnet i hans værelse. 7. Det kunne ikke ventes at de skulle komme i tide. 8. Det kan ikke gjøres på så kort en tid.

46a.

1. We have been deceived by this man. 2. Will the boy be punished for forgetting it (= that he forgot it)? 3. The money has to be paid (= must be paid). 4. The money has already been paid. 5. Has (= is) the book not yet been found? 6. Yes, it was found in his room. 7. It was not to be (= could not be) expected that they would come in time. 8. It cannot be done in such a short time (= so short a time).

The PASSIVE VOICE must be distinguished from an accomplished fact or state, as:

the newspapers ARE printed	avisene er trykket (trEEk'-ket)
the newspapers ARE (BEING) printed in this town	avisene trykkes or blir trykket i denne by
the house IS built	huset er bygget (bEEg'-get)
the house WAS (BEING) built in (the) summer	huset ble bygget i sommer

---

In Norwegian, Nouns denoting measure or weight are generally used in the Singular only, thus:

eight feet high	åtte fot (foot) høy
three metres long	tre meter (meh'-ter) lang
six pounds of* coffee	seks pund kaffe (poon kähf'-fer)
two tons of* coal	to tonn kull (ton kooll)

* OF is not translated after a Noun expressing weight or measure.

The Comparison of Adjectives (continued).

Participles of Verbs used as Adjectives and words of several syllables, form the Comparison with mer (mehr), MORE, and mest (mehst), MOST, as:

promising, lovende (loh´-ven-ner)	mer lovende	mest lovende
delighted, fornøyd (for-nöyd´)	mer fornøyd	mest fornøyd
beloved, elsket (el´-sket)	mer elsket	mest elsket
charitable, godgjørende goo´-yö-ren-ner	,, godgjørende	,, godgjørende
prominent, fremrakende frem´-rah-keh-ner	,, fremrakende	,, fremrakende

Other Adjectives also sometimes form their Comparison with mer and mest, as:

more hungry, mer sulten (sool´-ten)	most hungry, mest sulten
more thirsty, mer tørst (türst)	most thirsty, mest tørst

A Diminution of Degree is expressed by:

mindre (min´-drer), LESS, and minst (minst), LEAST, as:

less hungry, mindre sulten	least hungry, minst sulten
less clever, mindre dyktig or capable	least clever, minst dyktig or capable

47.

1. Vi møtte de mest fremrakende mennesker i deres hjem. 2. Han er mindre dyktig enn sin bror, men mer godgjørende. 3. Si meg, hvem av disse to gutter er den mest lovende? 4. Hun var den mest godgjørende kvinne i byen. 5. Det er det minste vi kan gjøre for Dem. 6. Ingen kunne gjøre mer arbeide den dag.

47a.

1. We met the most prominent people at their house (= in their home). 2. He is less clever than his brother, but more charitable. 3. Tell me, which of these two boys is the more promising? 4. She was the most charitable woman of (= in) the town. 5. That is the least we can do for you. 6. Nobody could do more work that day.

USEFUL PHRASES.

I must learn this by heart.	1	Jeg må lære dette utenat.
These phrases are very useful. [tion is difficult.	2	Disse setninger er meget nyttige. [skelig.
The Norwegian pronunciation Can you read this word?	3	Den norske uttalen er vanskelig.
Can you read this word?	4	Kan De lese dette ordet?
Take a piece of paper.	5	Ta et stykke papir.
Write down all the words.	6	Skriv ned alle ordene.
That will help you.	7	Det vil hjelpe Dem.
I cannot help you.	8	Jeg kan ikke hjelpe Dem.
You must do it yourself.	9	De må gjøre det selv.
He ought to know better.	10	Han burde vite bedre.
Have you not learned it?	11	Har De ikke lært det?
That is a pity.	12	Det er synd.
I did not know that. [Dem.	13	Jeg visste ikke det.
I am sorry to trouble you.	14	Jeg beklager at jeg forstyrrer
Do not worry about it.	15	Bry Dem ikke om det.
We must help one another.	16	Vi må hjelpe hverandre.
Do not hurry (yourself).	17	Skynd Dem ikke.
I have time enough.	18	Jeg har tid nok.
You must wait for me.	19	De må vente på meg.

Imitated Pronunciation of the above Phrases.

1. yay maw lai′-rer det′-ter oo′-ten-aht
2. dees′-ser set′-ning-er air meh′-get nEEt′-tee-gher
3. den nors′-ker oot′-tah-lehn air vahn′-sker-le
4. kåhn dee lai′-ser det′-ter oor′-er?
5. tåh et stEEk′-ker pah-peer′
6. skreev nehd åhl′-ler oor′-er-ner
7. deh vil yel′-per dem
8. yay kåhn ick′-ker yel′-per dem

9. dee maw yö′-rer deh sel
10. håhn boor′-der vee′-ter beh′-drer
11. hahr dee ick′-ker lairt deh?
12. deh air sEEn
13. yay vis′-ter ick′-ker deh
14. yay bek-lah′-gher at yay for′-stEE-rer dem
15. brEE dem ick′-ker om deh
16. vee maw yel′-per vehr-åhn′-drer
17. shEEn dem ick′-ker
18. yay hahr teed nock
19. dee maw ven′-ter paw may

Explanatory Notes to the above Phrases.

1. utenat, without (= by heart);   15. lit. care you not about it;
17. lit. hurry yourself not.

EASY READING,

with Literal Translation into English, and Imitated Pronunciation of difficult words.

En konge hadde engang en meget godt likt statsminister,[1] og da han døde var alle hoffolkene ivrige[2] etter å finne ut, hvem som ville bli hans etterfølger. Men kongen ville ikke si dem det, enda[3] han sa han hadde bestemt seg. En mektig adelsmann ba da om å få snakke med kongen alene.[4] Dette ble tilstått ham, og da han kom frem for kongen, sa han: Deres Majestet,[5] er det mulig å få vite hvem som skal være statsminister?

Kongen så et øyeblikk tankefult på ham og sa: Kan De bevare en hemmelighet?

Ja, jeg kan, Deres Majestet.

Godt, svarte kongen, det kan jeg også.

1 stahts'-mee-nis'-ter;   2 eev'-ree-*er*;   3 en'-dah;   4 ah-lay'-n*er*;
5 mah-y*er*-steht'.

A king had once a very favourite Prime Minister, and when he died were all the courtiers eager (after) to find out who (that) would be his successor.   But the king would not tell them (that), although he said he had decided himself (= made up his mind).   A powerful nobleman asked then (for) to be allowed to speak with (= to) the king in private. This was to him permitted, and when he came (forward) to the king, said he: Your Majesty, may it be permitted to know, who (that) shall be Prime Minister?

The king looked a moment thoughtfully at him and said: Can you keep a secret?

Yes, I can, Your Majesty.

Good, answered the king, that can I also (= so can I).

Tre røvere fant engang en stor skatt. En dag da deres proviant var oppbrukt, sendte de den yngste inn til byen for å kjøpe ny forsyning.[1] På veien sa den unge røver til seg selv: Hvis jeg alene hadde hele skatten, så ville jeg være rik for resten av mitt liv. Jeg vil forgifte maten og late[2] som[2] om jeg allerede har spist.

Imidlertid sa de to andre røvere til hinanden: Hvorfor skal vi dele skatten med gutten? La oss drepe ham, og selv beholde pengene. Som sagt, så gjort: Da den unge mannen kom tilbake grep de to kameratene hver sin dolk og gjennomboret ham, og spiste deretter fornøyd[3] den forgiftede maten.

Snart etter døde de under fryktelige[4] smerter; så ingen av dem fikk skatten.

1 for-SEE'-ning;   2 lah'-*ter* som (pretend);   3 for-nöyd'; 4 frEEk'-*ter*-lee-gh*er*.

Three robbers found once a large treasure. One day when their provisions were finished, sent they the youngest into the town (for) to buy a new supply. On the way, said the young robber to himself: If I alone had the whole treasure, so should I be rich for the rest of my life. I will poison the food and pretend that I already have eaten.

Meanwhile said the two other robbers to one another: Why should we share the treasure with the lad? Let us kill him, and ourselves keep the money. So said, so done. When the young man came back, took the two comrades each their dagger and stabbed him, and thereafter ate merrily the poisoned food.

Soon after died they under (= in) great agony: so none of them got the treasure.

Den russiske keiser Nicholai var meget gla i å spasere[1] alene gjennom Petrograds gater.

En dag så han en mann som sto i dype[2] tanker foran en statue[3] av Peter den Store. Keiseren gikk hen til ham og spurte hva det var han tenkte på.

Jeg undret meg på, var svaret, hvorfor den store Peter rekker den ene armen mot havet, og den annen mot dommerhuset.

Å! det betyr,[4] at Peter var beskytter[5] både av handel og rettferdighet, forklarte keiseren.

Jeg takker Dem for forklaringen, sa mannen; Jeg trodde at Peter muligens[6] mente å si: Hvis De ønsker rettferdighet, da forlat dette landet.

1 spah-seh'-rer;   2 dEE'-per;   3 stah'-too-er;   4 beh-tEEr';
5 beh-shEEt'-ter;   6 moo'-lig-ens.

The Russian Emperor Nicholas was very fond of walking alone through the streets of Petrograd.

One day saw he a man who stood in deep thoughts before a statue of Peter the Great.   The emperor went up to him and asked what it was he thought about.

I was wondering, was the answer, why the great Peter stretches (the) one arm towards the sea and the other towards the Palace of Justice.

Oh! that means that Peter was (the) protector both of commerce and justice, explained the emperor.

I thank you for the explanation, said the man; I thought that Peter perhaps meant to say: If you want justice, (then) leave this country.

TWELFTH LESSON.

In Norwegian, ADVERBS can be formed of Adjectives by adding **t**; but if the Adjective ends in **ig**, no **t** is added. Adjective and Adverb then have the same form.   Such are:

certainly, sikkert (sik′-kert)	distinctly, tydelig (TEE′-der-le)
wisely, klokt (klookt)	quickly, hurtig (hoor′-te)
slowly, langsomt	suddenly, plutselig
(lăhn*g*′-somt)	(ploot′-ser-le)

Other important Adverbs are:

already, allerede (ăhl-le*r*-reh′-d*er*)	perhaps, kanskje (kăhn′-sh*er*)
enough, nok (nock)	seldom, sjelden (shel′-den)
far, langt (lăhngt) [tee′-den)	soon, snart (snahrt), tidlig
sometimes, undertiden (oon-ner-	near, nær (nair) [(teed′-le)

48.

1. De er kommet for tidlig. 2. Jeg så ham plutselig.   3. Er brevet allerede skrevet?   4. Han arbeider for hurtig.   5. Kanskje hun har solgt det. 6. Bor de langt herfra?   7. Hun bodde nær ved oss.   8. Tal ikke så langsomt.   9. De må tale tydelig.   10. Han talte meget klokt.   11. Jeg ser henne undertiden.   12. Det vil snart bli for sent. 13. Gjør det så hurtig som mulig.   14. Det er nok for i dag.   15. Vi må sikkert gjøre det i morgen. 16. Jeg ba Dem tydelig om å gjøre det.

48a.

1. You have come too soon. 2. I saw him suddenly. 3. Is the letter already written?   4. He works too quickly. 5. Perhaps she has sold it.   6. Do they live far from here (= here from)?   7. She lived near to us.   8. Do not speak so slowly.   9. You must speak distinctly.   10. He spoke very wisely.   11. I see her sometimes.   12. It will soon be too late.   13. Do it as quickly as possible.   14. That is enough for to-day.   15. We must certainly do it to-morrow. 16. I distinctly asked you to do it.

Some Adverbs of Place WITHOUT final e indicate movement; WITH final e they indicate rest (being or remaining in a place). Such are:

(to go) away, bort (boort)	(to be) away, borte (boor'-ter)
„ out, ut (oot)	„ out, ute (oo'-ter) [mer)
„ home, hjem (yem)	„ at home, hjemme (yem'-

EXAMPLES:

I go away, jeg går bort	he goes home, han går hjem
I was away, jeg var borte	he is at home, han er hjemme
they must go out, de må gå ut	they are out, de er ute

ADVERBS OF TIME are sometimes formed of Nouns by adding lig, as:

yearly, årlig (awr'-le)	weekly, ukentlig (oo'-kent-le)
monthly, månedlig	daily, daglig (dahg'-le)
(maw'-ned-le)	

Adverbs generally stand after the VERB in Simple Tenses, and after the AUXILIARY in Compound Tenses. They cannot come between the Subject and the Verb, as is often the case in English. Examples:

he ALWAYS works in the evening	han arbeider alltid om aftenen
we OFTEN see them at the theatre	vi ser dem ofte i teatret
she has CERTAINLY done it	hun har sikkert gjort det

49.

1. Vi er alltid hjemme om morgenen. 2. Når reiser De bort? 3. Han er allerede reist. 4. Jeg har ikke nok papir. 5. Hun lærer sine lekser daglig. 6. Er de ute hver aften? 7. Vi går hjem nå. 8. Hun har aldri sett meg. 9. De må skrive disse ord tydelig. 10. Vi bruker det ordet sjelden.

49a.

1. We are always at home in the morning. 2. When are you going away (= travel you away)? 3. He has already gone. 4. I have not enough paper. 5. She learns her lessons daily. 6. Are they out every evening? 7. We are going home now. 8. She has never seen me. 9. You must write these words distinctly. 10. We seldom use that word.

MYSELF, HIMSELF, OURSELVES, etc., coming AFTER a Verb
are translated in Norwegian thus:

MYSELF	meg (may)	OURSELVES	oss (oss)
YOURSELF	{ deg (day) { Dem (dem)	YOURSELVES	dere (deh'-rer)
HIMSELF, HERSELF	seg (say)	THEMSELVES	seg (say)

Verbs followed by meg, seg, etc., are called REFLEXIVE
VERBS. Example:

TO WARM ONESELF   **å varme seg** (aw văhr'-mer say)

I warm myself	jeg varmer meg
you warmed yourself	du varmet deg
is he warming himself?	varmer han seg?
we did not warm ourselves	vi varmet oss ikke
they have warmed themselves	de har varmet seg

---

to enjoy oneself	å more seg moo'-rer say	to flatter oneself	å smigre seg smee'-grer say
to dress oneself	å kle på seg kleh paw say	to hurt oneself	å skade seg skah'-der say
	to excuse oneself	å unnskylde seg (oon'-sHEEL-ler)	

50.

1. Moret hun seg i går?   2. Vi har moret oss
mye i dag.   3. De har skadet seg.   4. Skadet du
deg ikke?   5. Hun kledde ikke hurtig på seg.
6. Kler damene på seg?   7. Han smigrer seg for
mye.   8. Du skulle ikke smigre deg.   9. Vi unn-
skyldte oss.   10. Han burde ikke ha unnskyldt seg.

50a.

1. Did she enjoy herself yesterday?   2. We have much
enjoyed ourselves to-day.   3. They have hurt themselves.
4. Did you not hurt yourself?   5. She did not dress (her-
self) quickly.   6. Are the ladies dressing (themselves)?
7. He flatters himself too much.   8. You should not flatter
yourself.   9. We excused ourselves.   10. He ought not to
have excused himself.

The Pronouns MYSELF, HIMSELF, OURSELVES, etc., are all rendered by **selv** (sel) if they are not used reflexively, but merely to emphasize a noun or another pronoun. **selv** is invariable. Examples:

I saw it myself	jeg så det selv
we saw it ourselves	vi så det selv
the man does it himself	mannen gjør det selv

HIM or HIMSELF, HER or HERSELF, THEM or THEMSELVES, coming after a Preposition, are rendered by **seg** or **seg selv**, as:

has he (any) money with him?	har han penger med seg?
she bought it for herself	hun kjøpte det til seg selv
they did not want it for themselves	de ønsket det ikke for seg selv

51.

1. De var der selv.   2. Han beholder det for seg selv.   3. Gjorde dine venner det selv?   4. Kvinnen så det selv.   5. Tok de alt med seg?

51a.

1. You were there yourself.   2. He keeps it for himself. 3. Did your friends do it themselves?   4. The woman saw it herself.   5. Did they take everything (= all) with them?

Some Nouns are Plural in English and Singular in Norwegian.

(a pair of) scissors **en saks** (sähks)	(a pair **of**) pincers **en knipetang** knee'-per-tähng
,, tongs **en tang** (tähng)	
politics, politikk (poo-lee-tik')	,, compasses **en passer**
contents, innhold (in'-holl)	pähs'-ser

52.

1. Hvor mye betalte De for denne saksen? 2. Jeg kan ikke finne knipetangen.   3. Brevets innhold skremte meg.   4. Vil De gi meg tangen?

52a.

1. How much did you pay for these scissors?   2. I cannot find the pincers.   3. The contents of the letter frightened me.   4. Will you give me the tongs?

USEFUL PHRASES.

What is your name?	1	Hva er Deres navn?
My name is . . .	2	Mitt navn er . . .
Do as you like (= will).	3	Gjør som De vil.
Whom have you seen?	4	Hvem har De sett?
What did you say?	5	Hva sa De?
Certainly not.	6	Slett ikke.
You are mistaken.	7	De tar feil.
It is quite (= very) possible.	8	Det er meget mulig.
It depends on circumstances.	9	Det kommer an på forholdene.
You may (= can) trust me.	10	De kan stole på meg.
I have no objection.	11	Jeg har intet imot det.
You ought to have gone.	12	De burde ha gått.
I do not doubt it.	13	Det tviler jeg ikke på.
Listen to me!	14	Hør på meg!
Look here! Look at him!	15	Se her! Se på ham!
It is incredible.	16	Det er utrolig.
He does not understand a joke.	17	Han forstår ikke en spøk.
What a misfortune!	18	Hvilken ulykke! [hatt.
Please fetch my hat.	19	Vær så snill å hente min

Imitated Pronunciation of the above Phrases.

1. vah air deh'-res nahvn?
2. mitt nahvn air . . .
3. yör som dee vil
4. vehm hahr dee set?
5. vah sah dee?
6. slet ick'-ker
7. dee tahr fayl
8. deh air meh'-get moo'-le
9. deh kom'-mer ähn paw fohr'-hol-er-ner
10. dee kähn stool'-er paw may

11. yay hahr in'-tet ee'-moot deh
12. dee boor'-der hah gawt
13. deh tvee'-ler yay ick'-ker paw
14. hör paw may!
15. seh hair! seh paw hähm!
16. deh air oo-troo'-le
17. hähn fohr-stawr' ick'-ker ehn spök
18. vil'-ken oo'-lEEk-ker!   [häht
19. vair saw snil aw hen'-ter min

Explanatory Notes to the above Phrases.

7. literally: you take fault; 9. kommer an = depends; 11. lit. I have nothing against it; 13. lit. that doubt I not on; 19. lit. be so good to fetch, etc.

EASY READING,

**with Literal Translation into English, and Imitated
Pronunciation of difficult words.**

Reisende: Hvor er det beste vertshus[1] her på
stedet[2]?

Bærer: Ser De huset deroppe[3] på veien?   Det
er det værste.

Reisende: Jeg spurte ikke om det værste; det er
det beste jeg ønsker.

Bærer: Jeg vet ikke hvor det er; vertshuset
deroppe er det eneste[4] vi har.

1 vairts'-hoos;   2 steh'-der;   3 dair-op'-per;   4 eh'-nes-ter.

Traveller: Where is the best inn in this place?
Porter: Do you see the house there up the road?   That
is the worst.
Traveller: I did not ask for the worst; it is the best I
want.
Porter: I know not where that is; the inn up there is the
only one we have.

Ute på landet i nærheten[1] av en småby, ligger
der en herskapsbolig[2] med et flatt tak.   For noen
tid siden besluttet eieren å la den grundig etterse
og ga forskjellige[3] håndverkere pålegg[4] om å
utføre[5] arbeidet.

Blikkenslagerne[6] hadde først en hel del å gjøre
på taket og da de trodde at de var ute av syne,
overanstrengte de seg ikke.

Da malerne kom for å gjøre sin del, tok husets
eier formannen til side og viste ham en del foto-

grafier,[7] som forestilte menn på taket, av hans hus.
Noen satt og røkte, noen leste, og andre lå på
ryggen.[8]

Det er jo B...'s blikkenslagere! sa den for-
bausede formann.

Ja, akkurat! svarte eieren; og disse fotografier
forklarer hvorfor de brukte[9] så lang tid på arbeidet.
Malerne kastet[10] ikke bort tiden.

1 nair'-heh-ten;   2 her-skähps-boo'-le;   3 for-shel'-lee-er;
4 paw'-leg;   5 oot'-fö-rer;   6 blick'-ken-slah'-gher-ner;   7 foo-
too-grah-fee'-er;   8 REEG'-ghen;   9 brook'-ter;   10 kas'-tert.

Out in the country, in the neighbourhood of a small town,
lies (there) a mansion with a flat roof. Some time ago
decided the owner to let it be thoroughly repaired, and gave
various workmen instruction to proceed with the work.

The plumbers had first a big job to do on the roof, and
as they believed that they were out of sight, overworked
they themselves not.

When the painters came (for) to do their share, called
the owner of the house the foreman aside, and showed him
several snapshots, which represented men on the roof of
his house. Some sat and smoked, some were reading, and
others were lying on the (= their) backs.

Those are surely B...'s plumbers! said the astonished
foreman.

Yes, exactly! answered the owner, and these photos
explain why they used (= took) such a long time for the
work. The painters did not waste (away) any time.

En spurv i hånden er bedre enn ti på taket.

One sparrow (= bird) in the hand is better than ten on
the roof (= is worth ten in the bush).

Føreren[1] til noen turister: Denne mark, mine herrer, er det virkelige sted hvor slaget sto.[2]

En av turistene: Hvor interessant! tror De vi kan få noen souvenirer fra slaget?

Føreren: Med fornøyelse, min herre, jeg har nettopp fått en ny forsyning.[3]

1 fö'-rer-ren;   2 stoo;   3 for-SEE'-ning.

The guide to some tourists: This field, gentlemen, is the actual place where the battle stood (= of the battle).

One of the tourists: How interesting! think you we can get some relics of the battle?

The guide: With pleasure (= certainly), sir, I have just got a fresh supply.

I den amerikanske frihetskrig[1] ble en korporal og en avdeling[2] soldater utkommandert[3] for å løfte en stor bjelke[4] som skulle brukes til et batteri som ble utbedret.[5]   Det var for få folk til arbeidet; men korporalen som var oppfylt[6] av sin egen verdighet, foretok seg intet annet enn å stå og se på dem og gi ordres.   Litt etter kom en offiser, som ikke var i uniform, ridende[7] forbi.

Hvorfor gir De ikke Deres folk en håndsrekning[8] for å få den bjelken opp? sa han.

Vet De ikke at jeg er korporal? var svaret.

Nå, så De er korporal? sa offiseren.   Han hoppet da av hesten og tok[9] fatt sammen med[9] folkene. Han arbeidet så svetten rant ned ansiktet, og da bjelken var blitt løftet opp og brakt på plass, vendte offiseren seg mot korporalen og bukket dypt.[10]

Farvel, hr. Korporal, sa han. Neste gang De har for få folk til det slags arbeide, send så bud etter kommanderende general. Det skal glede meg å hjelpe Dem igjen.

Det var Washington selv.

1 free'-hehts-kreeg; 2 ahv'-deh-ling; 3 oot'-kom-măhn-dehrt; 4 byel'-ker; 5 oot'-beh-dret; 6 op'-fEElt; 7 ree'-den-ner; 8 hawns'-rek-ning; 9 took făht săhm'-men meh = joined; 10 dEEpt.

In the American War of Independence were a corporal and a detachment of soldiers ordered (out) to lift a large beam which had to be used for a battery that had to be repaired (= ... used to repair a battery). There were too few men for the work; but the corporal, who was full of his own importance, did (himself) nothing but stand and look at them and give orders. A little after (= presently), came an officer, who was not in uniform, riding past.

Why give you not your men a helping hand (for) to get that beam up? said he.

Know you not (= don't you know) that I am a corporal? was the answer.

Oh! so you are a corporal? said the officer. He jumped off the horse (= dismounted) and joined the men. He worked till the sweat ran down his face. When the beam had been lifted and brought (= put) into its place, turned the officer (himself) towards the corporal and bowed deeply (= made him a sweeping bow).

Good-bye, Sir Corporal, said he. Next time you have too few people (= are short of men) for this sort of work, send then message after (= then send for) the Commander-in-Chief. It will please me (= I shall be pleased) to help you again.—It was Washington himself.

CARDINAL NUMBERS.

1	en, ett ehn, ett	20	tyve tEE'-ver	39	ni og tredve nee aw tred'-ver
2	to too	21	en og tyve ehn aw tEE'-ver	40	førti för'-tee
3	tre treh	22	to ,, too ,,	50	femti fem'-tee
4	fire fee'-rer	23	tre ,, treh ,,	60	seksti seks'-tee
5	fem fem	24	fire ,, fee'-rer ,,	70	sytti süt'-tee
6	seks seks	25	fem ,, fem ,,	80	åtti awt'-tee
7	sju shoo	26	seks ,, seks ,,	90	nitti nit'-tee
8	åtte awt'-ter	27	sju ,, shoo ,,	100	hundre hoon'-drer
9	ni nee	28	åtte ,, awt'-ter ,,	101	hundre og en hoon'-drer aw ehn
10	ti tee	29	ni ,, nee ,,	110	hundre og ti hoon'-drer aw tee
11	elleve el'-er-ver	30	tredve tred'-ver	200	to hundre too hoon'-drer
12	tolv toll	31	en og tredve ehn aw tred'-ver	300	tre hundre treh hoon'-drer
13	tretten tret'-ten	32	to ,, too ,,	1,000	tusen too'-sen
14	fjorten fyoor'-ten	33	tre ,, treh ,,	1,500	femtenhundre fem'-ten-hoon'-drer
15	femten fem'-ten	34	fire ,, fee'-rer ,,	2,000	to tusen too too'-sen
16	seksten say'-sten	35	fem ,, fem ,,	10,000	ti tusen tee too'-sen
17	sytten süt'-ten	36	seks ,, seks ,,	100,000	hundre tusen hoon'-drer too'-sen
18	atten äht'-ten	37	sju ,, shoo ,,	150,000	,,og femti tusen ,, aw fem'-tee ,,
19	nitten nit'-ten	38	åtte ,, awt'-ter ,,	200,000	to hundre tusen too hoon'-drer ,,

ORDINAL NUMBERS.

the 1st	den første för'-ster	the 11th	den ellevte el'-lehv-ter
,, 2nd	,, annen ähn'-nen	,, 12th	,, tolvte tol'-ter
,, 3rd	,, tredje tred'-yer	,, 13th	,, trettende tret'-ten-er
,, 4th	,, fjerde fyair'-er	,, 14th	,, fjortende fyoor'-ten-er
,, 5th	,, femte fem'-ter	,, 15th	,, femtende fem'-ten-er
,, 6th	,, sjette shet'-ter	,, 16th	,, sekstende says'-ten-er
,, 7th	,, sjuende shoo'-en-er	,, 17th	,, syttende süt'-ten-er
,, 8th	,, åttende awt'-ten-er	,, 18th	,, attende äht'-ten-er
,, 9th	,, niende nee'-en-er	,, 19th	,, nittende nit'-ten-er
,, 10th	,, tiende tee'-en-er	,, 20th	,, tyvende tee'-ven-er

the 21st	den en og tyvende	tee'-ven-er
,, 30th	,, tredevte	treh'-dehv-ter
,, 40th	,, førtiende	för'-tee-en-er
,, 50th	,, femtiende	fem'-tee-en-er
,, 60th	,, sekstiende	seks'-tee-en-er
,, 70th	,, syttiende	süt'-tee-en-er
,, 80th	,, åttiende	awt'-tee-en-er
,, 90th	,, nittiende	nit'-tee-en-er
,, 100th	,, hundrede	hoon'-drer-der
,, 200th	,, to hundrede	too hoon'-drer-der
,, 300th	,, tre hundrede	treh hoon'-drer-der
,, 1,000th	,, tusende	too'-sen-er
,, 5,000th	,, fem tusende	fem too'-sen-er
,, 10,000th	,, ti tusende	tee too'-sen-er
,, 100,000th	,, hundred tusende	hoon'-dreh too'-sen-er

COLLECTIVE AND FRACTIONAL NUMBERS, ETC.

a couple   et par
    ett pahr

a dozen   et dusin
    ett doo-seen'

a score   et snes
    ett snehs

single   enkelt
    en'-kelt

double   dobbelt
    dob'-belt

threefold   tredobbelt
    treh'-dob-belt

once   en gang
    ehn gåhng

twice   to ganger
    too gåhng'-er

three times   tre ganger
    treh gåhng'-er

many times   mange ganger
    måhng'-er gåhng'-er

the first time den første gang
    den för'-ster gåhng

the second time
    den annen gang
    den åhn'-nen gåhng

one at a time   en av gangen
    ehn ahv gåhng'-en

two at a time   to av gangen
    too ahv gåhng'-en

half a year   et halvår
    ett hähl'-awr

a quarter   et kvartal
(three months) ett kvähr-tahl'

firstly   for det første
    for deh för'-ster

secondly   for det annet
    for deh åhn'-net

thirdly   for det tredje
    for deh tred'-yer

one third   en tredjedel
    ehn tred'-yer-dehl

two thirds   to tredjedeler
    too tred'-yer-deh-ler

a quarter   en fjerdedel
(a fourth part) ehn fyair'-der-dehl

three quarters tre fjerdedeler
    treh fyair'-der-deh-ler

one fifth   en femtedel
    ehn fem'-ter-dehl

a half   en halv
    ehn hähl

one and a half halvannen
    hähl-åhn'-nen

two and a half to og en halv
    too aw ehn hähl

three „   „ tre og en halv
    treh aw ehn hähl

THE SEASONS.

Spring   vår
    vawr

Summer   sommer
    som'-mer

Autumn   høst
    hüst

Winter   vinter
    vin'-ter

HOURS OF THE DAY.

what is the time?	hva er klokka? vah air klock'-kah?
it is one o'clock	klokka er ett klock'-kah air ett
it is half past one	klokka er halv to klock'-kah air hähl too
it is two, three, four o'clock	klokka er to, tre, fire klock'-kah air too, treh, fee'-rer
it is a quarter to three	klokka er et kvarter på tre klock'-kah air ett kvähr'-ter paw treh
it is half past three	klokka er halv fire klock'-kah air hähl fee'-rer
it is a quarter past four	klokka er et kvarter over fire klock'-kah air ett kvähr'-ter oh'-ver fee'-rer
it is ten minutes past five	klokka er ti minutter over fem klock'-kah air tee mee-noot'-ter oh'-ver fem
it is twenty minutes to six	klokka er ti over halv seks klock'-kah air tee oh'-ver hähl seks
it is five minutes past twelve	klokka er fem minutter over klock'-kah air fem mee-noot'-ter oh'-ver tol [tolv
at what time?	hva tid? vah teed?
at ten o'clock	klokka ti klock'-kah tee
at a quarter to eleven	et kvarter på elleve ett kvähr'-ter paw el'-er-ver
at midday	ved middagstid vehd mid'-dahgs-teed
at midnight	ved midnattstid vehd mid'-nähts-teed
the clock is striking	klokka slår klock'-kah slawr
it is very late	klokka er mange klock'-kah air mähng'-er
the clock is too fast	klokka går for fort klock'-kah gawr for foort

PERIODS OF TIME.

a second   et sekund
  ett sek-koon'

a minute   et minutt
  ett mee-noot'

five minutes   fem minutter
  fem mee-noot'-ter

a quarter of
  an hour   et kvarter
    ett kvähr-tehr'

half an hour   en halv time
  ehn hähl tee'-mer

an hour   en time
  ehn tee'-mer

an hour and   halvannen
  a half   time
    hähl-ähn'-nen tee'-mer

two hours and   to og en halv
  a half   time
    too aw ehn hähl tee'-mer

a day   en dag
  ehn dah g

three days   tre dager
  treh dah'-gher

a week   en uke
  ehn oo'-ker

a fortnight   fjorten dager
  fyor'-ten dah'-gher

a month   en måned
  ehn maw'-ned

a year   et år
  ett awr

a century   et århundre
  ett awr-hoon'-drer

next week   neste uke
  nes'-ter oo'-ker

a week ago   for en uke siden
  for ehn oo'-ker see'-den

last month   siste måned
  sis'-ter maw'-ned

next year   neste år
  nes'-ter awr

a year ago   for et år siden
  for ett awr see'-den

to-day   i dag
  ee dah g

to-morrow   i morgen
  ee mawr'-en

yesterday   i går
  ee gawr

the day after
  to-morrow   i overmorgen
    ee oh'-ver-mawr'-en

this morning   i morges
  ee mawr'-es

this afternoon   i ettermiddag
  ee et-ter-mid'-dah g

this evening   i aften
  ee ähf'-ten

early this
  morning   tidlig i morges
    teed'-le ee mawr'-es

late this
  evening   sent i aften
    sent ee ähf'-ten

to-night   i aften
  ee ähf'-ten

last night   i går aftes
  ee gawr ähf'-tes

in an hour's   om en times
  time   tid
    om ehn tee'-mes teed

every other
  day   hverannen dag
    vair-ähn'-nen dah g

THIRTEENTH LESSON.

In Norwegian, the order of words in a simple sentence is usually the same as in English, as:

he reads the paper	han leser avisen
he has read the paper	han har lest avisen
had he read the paper?	hadde han lest avisen?
he did not read (= read not) the paper	han leste ikke avisen
he will read the paper	han vil lese avisen
should he not read the paper?	skulle han ikke lese avisen?

The English construction with DO and DID must always be rendered in Norwegian by the Simple Present or Past Tense of the Verb, as:

does he read? = reads he?	leser han?
he did not read = he read not	han leste ikke

The Negative generally takes its place in a sentence the same as in English; but if, in a Simple Sentence, the Object is a PRONOUN the Negative goes to the end. If the Object is a NOUN the ordinary order remains. Examples:

I do NOT know him	jeg kjenner ham ikke
did you NOT know me?	kjente De meg ikke?
he did NOT know the lady	han kjente ikke damen
do you NOT know my friend?	kjenner De ikke min venn?

In sentences with Compound Tenses, the Negative stands after the Auxiliary, and in Negative Questions after the Subject, the same as in English, as:

I have NOT seen him	jeg har ikke sett ham
had you NOT seen me?	hadde De ikke sett meg?

53.

1. Ga han Dem pengene? 2. De har ikke gitt oss pengene. 3. Kjente de oss ikke? 4. Han kjenner Dem ikke. 5. Jeg hadde ikke sett dem. 6. Ga hun ikke bøkerne til gutten *or* ga hun ikke gutten bøkerne? 7. De har ikke betalt oss for det. 8. De burde ikke ha gått med ham.

N.S.—4

53a.

1. Did he give you the money? 2. You have not given us the money. 3. Did they not know us? 4. He does not know you. 5. I had not seen them. 6. Did she not give the books to the boy? 7. You have not paid us for that. 8. They ought not (to) have gone with him.

If a sentence begins with an Adverb or an Adverbial expression, the Subject is placed after the Verb, or, in Compound Tenses, after the Auxiliary, as:

  here they are! her er de!   now we must go   nå må vi gå
    at last I have found it   til sist har jeg funnet det

The Subject is printed in thick type.

If two sentences are connected, and the second begins with a Conjunction (or an Adverb), the Subject of the SECOND sentence is then usually placed after the Verb or after the Auxiliary, as:

  she had not our address, therefore   hun hadde ikke vår adresse,
    she could not write   derfor kunne hun ikke skrive

I did not know that you were there,   jeg visste ikke at De var der,
    otherwise I would have waited   ellers ville jeg ha ventet

A few of these connecting Words and Expressions are:

now, nå (naw)   at last, til sist (til sist)
otherwise, ellers (el'-lers)   by chance, tilfeldig (til-fel'-dee)
therefore, derfor (dair'-for)   still, yet, allikevel (ăhl-lee'-ker-vel)
         meanwhile, imens (ee-mens')

54.

1. Han kunne ikke komme, derfor gikk vi alene. 2. Til sist hørte vi fra dem. 3. Vi kom, men imens var De gått ut. 4. De må gjøre det i dag, ellers vil det bli for sent. 5. Jeg var trett, derfor gikk jeg hjem. 6. Han visste det, men allikevel ville han ikke si meg det.

54a.

1. He could not come, therefore we went alone. 2. At last we heard from them. 3. We came, but meanwhile you

had gone out. 4. You must do it to-day, otherwise it will
be too late. 5. I was tired, so (= therefore) I went home.
6. He knew it, but still he would not tell me (it).

In a Dependent (or Subordinate) Sentence, that is a
sentence which commences with a Conjunction and is not
complete in itself, the order of the words is generally the
same as in English. Some Subordinate Conjunctions are:

after, etter (et'-ter)	if, hvis (viss); whether, om (om)
although, skjønt (shŭnt)	since, siden (see'-den)
as, then, da (dah)	till, until, til, inntil (til, in'-til)
because, fordi (for'-dee)	when, når (nawr)
before, før (för)	while, mens (mens)

In a Dependent Sentence, **ikke** or any other Negative
generally stands BEFORE the Verb or BEFORE the Auxiliary:

if I had NOT done it	hvis jeg ikke hadde gjort det
as they did NOT come	da de ikke kom

55.

1. før han reiste bort; 2. etter De var gått;
3. mens vi ventet; 4. skjønt han sa det; 5. da
de ikke så ham; 6. når vi får tid; 7. fordi (*or* da)
det ikke er noen annen; 8. hvis det ikke blir
funnet; 9. siden de var der før oss; 10. til (*or*
inntil) i morgen.

55a.

1. before he went away; 2. after you had gone;
3. while we waited; 4. although he said it; 5. as they
did not see him; 6. when we have time; 7. because
there is no one else; 8. if it is not found; 9. since they
were there before us; 10. until to-morrow.

The Principal Sentence is sometimes preceded by a
Dependent Sentence, and then the SUBJECT of the Principal
Sentence is placed after the Verb, or after the Auxiliary, as:

if I have (= get) time, **I will go**	får jeg tid, **vil jeg gå**
when he saw me, **he knew me**	da han så meg, **kjente han meg**

The Principal Sentence is printed in thick type.

A Subordinate Conjunction is easily recognised by the fact that the two sentences which it connects can be transposed without altering the sense, as:

I will go if I have (= get) time   **jeg vil gå** hvis jeg får tid
he knew me when he saw me   **han kjente meg** da han så meg

When the Principal Sentence comes first, the ordinary order of words is observed.

56.

1. Han kom etter jeg var gått. 2. Vi vil vente til klokka slår seks. 3. Hun skrev brevet før hun gikk hjem. 4. Visste De ikke at jeg var alene? 5. Han røkte en sigar mens han leste avisen. 6. Jeg møter ham ofte når jeg går ut. 7. Da det var så sent, gikk de. 8. Før De kommer kan vi intet gjøre. 9. Da de ikke kom, ventet vi ikke lenger. 10. Jeg vil bli her, til det er tid til å gå.

56a.

1. He came after I had gone. 2. We will wait till it strikes six. 3. She wrote the letter before she went home. 4. Did you not know that I was alone? 5. He smoked a cigar while he read the paper. 6. I often meet him when I go out. 7. As it was so late, they went away. 8. Until you come we can do nothing. 9. As they did not come we did not wait any longer. 10. I will remain here, till it is time to go.

The following expressions are rendered idiomatically in Norwegian:

to be in a hurry	å skynde seg	aw shEEn'-ner say
to be busy	å ha det travelt	aw hah deh trah'-velt
to catch cold	å forkjøle seg	aw for-hgö'-ler say
to have a cold	å være forkjølet	aw vai'-rer for-hgö'-let
to find one at home	å treffe en hjemme	aw tref'-fer ehn yem'-mer
he is too busy to do it	han har det for travelt til å gjøre det	
we must hurry	vi må skynde oss	
you will not find them at home to-day	De vil ikke treffe dem hjemme i dag	

CONVERSATIONAL SENTENCES.

THE WEATHER, ETC.

What is the weather like?	Hvordan er været?
It is a fine day.	Det er en vakker dag.
The sun is shining.	Solen skinner.
There is a heavy fog.	Det er tett tåke.
It is getting cloudy.	Det blir overskyet.
We shall soon have rain.	Vi får snart regn.
It is beginning to rain.	Det begynner å regne.
It has left off raining.	Det er holdt opp å regne.
It was only a shower.	Det var bare en byge.
Is it windy to-day?	Blåser det i dag?
It is blowing hard.	Det blåser sterkt.
In wind and rain.	I vind og regn.
It is very cold (hot).	Det er meget kaldt (varmt).
It was freezing hard in the	Det frøs sterkt i natt.
It is snowing. [night.	Det sner.
The snow dazzles the eyes.	Sneen blender øynene.
Moonlight, sunshine.	Måneskinn, solskinn.
A starlight night.	En stjerneklar natt.
It is pitch dark.	Det er belgmørkt.
A pitch dark night.	En belgmørk natt.
The sun is rising.	Solen står opp.
The sun is setting.	Solen går ned.
In the twilight.	I tusmørke.
Turn on the light.	Tenn lyset.
It is getting dark.	Det begynner å bli mørkt
It is cooler now.	Det er kjøligere nå.
The heat has been dreadful.	Heten har vært fryktelig.
The weather is changeable.	Været er ustadig.
It is freezing this afternoon.	Det fryser i ettermiddag.
Is the ice strong enough?	Er isen sterk nok?
Then we can go skating.	Så kan vi gå på skøyter.

PROGRESSIVE READING.

A number after a word refers to the English translation in the foot-
notes.

Sjefen: Hvilke kvalifikasjoner har De for den ledige[1] stilling[2]?

Ansøkeren[3]: Jeg har vært i forretning[4] i fem år, og jeg tar[5] alltid vare på[5] mine ting.[6]

Sjefen: Hvis det er tilfellet,[7] passer[8] De ikke for meg. Jeg behøver[9] en, som tar vare på MINE ting.

1 vacant;   2 position;   3 applicant;   4 business;   5 å ta vare på, to attend to;   6 affairs;   7 the case;   8 suit;   9 need.

Læreren[1]: Robert, sett,[2] at du har en strømpe[3] på den ene fot,[4] og du tar en annen strømpe på den annen fot, hvor mange har du så på begge føtter?

Gutten: Jeg bruker[5] aldri strømper.

Læreren: Sett, at din far har en gris[6] i et grisehus,[7] og at han kjøper en[8] gris til,[8] og setter inn i huset, hvor mange griser er det da i huset?

Gutten: Far holder[9] ikke griser.

Læreren sukket[10] dypt men tok[11] fatt[11] med nytt[12] mot[13]: Sett, at du har ett eple[14] og din mor gir deg ett til, hva får du da?

Gutten: Ondt[15] i maven.[15]   Vi har bare matepler.[16]

Læreren besluttet[17] å gjøre ennå et forsøk[18]: Hvis en liten fattig gutt hadde en kake[19] og du ga ham en til, hvor mange ville han i[20] så fall[20] ha?

Gutten: Det vet jeg ikke.   Jeg spiser alltid mine kaker selv.   Nå oppga[21] læreren det.

1 the teacher;   2 suppose;   3 stocking;   4 foot;   5 use (= wear);
6 pig;   7 pigsty;   8 en til, one more;   9 å holde, to keep;
10 sighed;   11 tok fatt, set to work;   12 fresh;   13 courage;
14 apple;   15 stomach-ache;   16 cooking apples;   17 decided;
18 attempt;   19 cake;   20 in that case (=then);   21 gave up.

En gutt kjøpte et 75 øres (about 9d.) brød[1] hos[2] en baker.[2] Det forekom[3] ham, at det var mindre[4] enn sedvanlig,[5] og han sa til bakeren: Jeg tror ikke dette brødet har den riktige vekt.[6]

Det[7] skal du ikke bry deg om,[7] svarte bakeren; så får[8] du så mye mindre å bære.

Nå[9] så,[9] sa gutten, og la 50 øre på disken.[10]

Idet han skulle gå ut av butikken, ropte[11] bakeren til ham: Hei! du har ikke gitt meg nok penger.

Det skal De ikke bry Dem om, sa gutten vennlig[12]; så får De så mye mindre å telle.[13]

1 loaf;   2 hos en baker, at a baker's;   3 appeared;   4 smaller; 5 usual;   6 weight;   7 det skal du ikke bry deg om, never mind; 8 get (= have);   9 all right;   10 counter;   11 shouted; 12 pleasantly; 13 to count.

En herre som en mørk[1] aften kjørte[2] gjennom en gate i Paris, ble plutselig stanset[3] av en mann, som ba om å få låne[4] en av hans lykter[5] for å lete[6] etter noen penger—et betydelig[7] beløp[8] i gull—som han hadde mistet gjennom et hull i lommen.

Men i[9] stedet for[9] å oppfylle[10] mannens anmodning,[11] ropte herren på en stor sporhund, tok et pengestykke, som mannen ennå hadde i hånden, holdt det opp for hundens snute[12] og sa til dyret: gå og let!

Det kloke dyr forsto[13] hva som ble forlangt,[14] og begynte[15] straks å lete etter de savnede[16] pengestykker, som den fant og én for én brakte tilbake til sin herre, som rakte[17] dem til den rettmessige[18] eier.

Mannen var naturligvis[19] henrykt.[20] Han var nemlig av sine sjefer blitt sendt ut med pengene, som han kanskje aldri ville ha funnet, hvis hunden ikke hadde vært så klok.

1 dark;   2 drove;   3 stopped;   4 loan;   5 lamps;   6 to search; 7 considerable;   8 amount;   9 instead of;   10 to comply with; 11 request;   12 nose;   13 understood;   14 required;   15 began; 16 missing;   17 å rekke, to hand over;   18 rightful;   19 naturally; 20 delighted.

I en restaurant: Kelner,[1] denne suppa er kald.

Kald, min herre? Jeg[2] syntes[2] den var kokende.[3]

Hva behager[4]?   Har De smakt[5] på den?

Nei, min herre, det har jeg ikke. Jeg dyppet[6] bare[7] fingrene i den.

1 waiter; 2 it seemed to me; 3 boiling; 4 what please? (=I beg your pardon?); 5 tasted; 6 dipped; 7 only.

En velkjent statsmann forteller følgende historie: Engang da Napoleon den første var i Paris, avla[1] han et besøk i et hospital for gamle soldater. Her bemerket han blant[2] annet, en mann som hadde mistet[3] sin ene arm, og innlot[4] seg i samtale[5] med ham.

Hvor mistet De Deres arm min gode mann? spurte keiseren.

Ved Austerlitz, Deres Majestet.

Så forbanner[6] De vel[7] saktens[7] Deres keiser og Deres land, hver gang[8] De ser på Deres lemlestede[9] arm?

Nei, sa veteranen, for keiseren og mitt fedreland ville jeg gjerne ofre[10] min annen arm også.

Det kan jeg neppe[11] tro,[12] bemerket keiseren rolig[13] og gikk videre.[14]   Men soldaten, som var ivrig[15] etter å bevise[16] at han mente hva han sa, trakk[17] øyeblikkelig[18] sin sabel ut av skjeden[19] og hugde[20] sin annen arm av.

Hvilken troskap[21]! Hvilken oppofrelse! ropte tilhørerne.[22]

Men historien har én feil,[23] tilføyde[24] fortelleren alvorlig.[25]

Hvilken er det?

Historien er simpelthen[26] umulig. Hvorledes skulle en enarmet mann bære[27] seg at med[27] å hugge sin eneste arm av?

1 å avlegge et besøk, to pay a visit;   2 among;   3 lost;   4 å innlate seg, to enter into; 5 conversation; 6 curse; 7 vel saktens, I dare say; 8 every time; 9 maimed; 10 sacrifice; 11 hardly; 12 believe; 13 calmly; 14 further; 15 anxious; 16 to prove; 17 drew; 18 immediately; 19 the sheath; 10 å hugge av, to chop off; 21 devotion; 22 listeners; 23 fault; 24 added; 25 gravely; 26 simply; 27 å bære seg at med, to manage.

FOURTEENTH LESSON.

WHO, WHOM, WHICH, THAT, when relating to a word or a sentence previously mentioned, are rendered by **som** (som), both in the Singular and in the Plural.

Som relates to persons and to things.   Examples:

the man who spoke	mannen som talte
the lady whom we saw	damen som vi så
the things which were here	tingene som var her
the book that I bought	boka som jeg kjøpte
I who did it	jeg som gjorde det
we who see it	vi som ser det

WHO? and WHOM? used interrogatively are rendered by **hvem?** as:

who has done it?	hvem har gjort det?
whom have you seen?	hvem har De sett?

57.

1. mannen som sa det; 2. boka som solgtes *or* som ble solgt; 3. damen som jeg så Dem med; 4. gutten som De ga brevet til; 5. huset som jeg kjøpte; 6. brevene som De skrev; 7. bøkene som han leser; 8. mennene som de så; 9. damene som han skrev til; 10. hvem ga De brevet til?

57a.

1. the man who said it; 2. the book which was sold; 3. the lady with whom I saw you; 4. the boy to whom you gave the letter; 5. the house which I bought; 6. the letters which you wrote; 7. the books which he reads; 8. the men whom they saw; 9. the ladies to whom he wrote; 10. to whom did you give the letter?

N.S.—4*

message	beskjed	place	sted
	beh-sheh'		stehd
promise	løfte (n.)	to receive	å motta
	löf'-ter		aw moo'-tah
news	nyheter	„ forget	å glemme
	nee'-heh-ter		aw glem'-mer
newspaper,	avis	„ rely on	å stole på
	ah'-vees		aw stoo'-ler paw

58.

1. gutten som gjorde det; 2. nyhetene som jeg mottok; 3. løftet som han har gitt; 4. piken som jeg ikke kan glemme; 5. menneskene som vi talte med; 6. en beskjed som jeg sendte; 7. vennene som var her i går; 8. stolene og bordene som vi har kjøpt; 9. bagasjen som ble glemt; 10. avisen som jeg mottok i dag.

58a.

1. the boy who did it; 2. the news which I received; 3. the promise which he has given; 4. the girl whom I cannot forget; 5. the people with whom we spoke; 6. a message which I sent; 7. the friends who were here yesterday; 8. the chairs and the tables which we have bought; 9. the luggage which was forgotten; 10. the newspaper which I received to-day.

As in English, the Relative Pronoun (**som**) is sometimes omitted when referring to the Object.

59.

1. Det var prisen (som) jeg betalte. 2. Er dette uret (som) hun glemte? 3. Han er mannen (som) jeg stoler på. 4. Er dette gutten som brakte beskjeden? 5. Hvor er boka (som) jeg la på bordet? 6. Jeg kjenner ikke kona som han ga pengene til. 7. Vi møtte damen som far kjente. 8. Er dette stedet (som) De ønsket?

59a.

1. That was the price (which) I paid. 2. Is this the watch (which) she forgot? 3. He is the man (whom) I rely on. 4. Is that the boy who brought the message? 5. Where is the book (which) I laid on the table? 6. I do not know the woman (whom) he gave the money to. 7. We met the lady whom my father knew. 8. Is this the place (which) you wanted?

A Relative Clause is frequently inserted in the middle of a sentence, but the order of the words remains unchanged, as:

| the gentleman, who was here, lives in London | herren, som var her, bor i London |

The Relative Clause stands between commas. The Principal Sentence is: Herren bor i London.

key	nøkkel	the right one	den riktige
	nŭk'-kel		rik'-tee-gher
to stop	å stoppe	the wrong one	den gale
	stop'-per		gah'-ler
	to send off	å avsende	ahv'-sen-ner

60.

1. Boka, som han leste i, tilhører meg (*or* er min). 2. Brevene, som De skrev i morges, er avsendt. 3. Var nøkkelen, som jeg ga Dem, den riktige? Nei, det var den gale. 4. Stoppet toget, som De reiste med, ved hver stasjon (stah-shohn')? 5. Hatten, som han kjøpte, er for stor for ham. 6. Våre venner, som var her i går, er reist. 7. Huset, som jeg ønsket, er solgt.

60a.

1. The book, which he was reading (in), belongs to me (*or* is mine). 2. The letters, which you wrote this morning, are sent off. 3. Was the key, which I gave you, the right one? No, it was the wrong one. 4. Did the train, by which you travelled, stop at every station? 5. The hat,

which he bought, is too large for him. 6. Our friends, who were here yesterday, have left. 7. The house, that I wanted, is sold.

ALL, meaning ' everything,' is **alt** (ăhlt), **as :**

| is that all? | er det alt? |
| all that* I have | alt hva jeg har |

* THAT, coming after ALL, is rendered by **hva** or **som**.

ALL before a Determinative (the, these, my, our, etc. and ALL meaning 'everybody,' 'everyone,' is rendered by **alle** (ăhl'-le*r*), as:

all the books	**alle** bøkene or bøkerne
all my money	**alle** mine penger
we all saw it	vi så det **alle**
they were all there	de var der **alle**

61.

1. Alt hva han sier er sant. 2. Alt som er her, tilhører meg. 3. Har De alle pakkene? Ja, jeg har alt. 4. Er alle guttene her? Nei, det er de ikke. 5. Alle vet at han er rik. 6. Alle brevene er til meg i dag. 7. Alt er for dyrt i denne butikken. 8. Alt hva han har, gir han henne.

61a.

1. All that he says is true. 2. All that is here belongs to me. 3. Have you all the parcels? Yes, I have everything. 4. Are all the boys here? No, they are not. 5. All know (*or* everyone knows) that he is rich. 6. All the letters are to (= for) me to-day. 7. Everything is too dear in this shop. 8. All that he has, he gives (to) her.

If there is a Direct and an Indirect Object in a sentence, the Indirect Object usually comes first in Norwegian, as:

he promises the book **to the boy**	han lover **gutten** boken *or* boka
he promises it **to him**	han lover **ham** den
did he promise the book **to you?**	lovet han **Dem** boka?
he has not promised it **to me**	han har ikke lovet **meg** den
I gave the letter **to my sister**	jeg ga **min søster** brevet
he has given **me** some flowers	han har gitt **meg** noen blomster

The INDIRECT OBJECT is printed in **thick type**.

CONVERSATIONAL SENTENCES.

AT THE POST-OFFICE.

Where is the Post-Office?	Hvor er postkontoret?
Is this the way to the Post-Office?	Er dette veien til postkontoret?
I expect a letter from England.	Jeg venter et brev fra England.
It will be sent "poste-restante."	Det vil bli sendt "poste restante."
Have you any letters for me?	Har De brev liggende til meg?
A letter or a newspaper?	Et brev eller en avis?
Thank you very much.	Mange takk. [frimerker.
Please give me some stamps.	Vær så snill å gi meg noen
How much is the postage to England?	Hva er portoen til England?
For letters … øre.	… øre for brev.
For postcards … øre.	… øre for brevkort.
Please give me some stamped postcards.	Vær så snill å gi meg noen frankerte brevkort.
Six for inland and six for abroad.	Seks innenrikske og seks utenrikske.
That is sufficient, thank you.	Det er nok, takk.
How much is that altogether?	Hvor mye er det i alt?
How much will this parcel be?	Hvor mye koster denne pakken? [post.
It must go by the next post.	Den må sendes med neste
I want to send a telegram.	Jeg ønsker å sende et telegram.
How many words can I send for 75 øre?	Hvor mange ord kan jeg sende for fem og sytti øre?
A foreign telegram, reply paid.	Et telegram til utlandet, svar betalt.
A registered letter.	Et rekommandert brev.
A money order.	En postanvisning.
Can I cash it here?	Kan jeg få den utbetalt her?

PROGRESSIVE READING.

A number after a word refers to the English translation in the foot-
notes.

En streng vinter.—Vinteren 1708 var usedvanlig[1] streng
i det nordlige Frankrike. Kornet[2] frøs[3] på akrene[4] om
høsten,[5] og hver dag hørte man om folk som hadde frosset
i hjel.[6] Selv vinen i kjellerne[7] frøs til is.[8] Kjør[9] og kalver
lå i hjel frosne i båsene,[10] og fuglene falt døde til jorden.[11]
Mange innsjøer[12] bunnfrøs,[13] så fiskene satte[14] livet til.[14]
Gjennom lange tider kunne man se spor[15] etter denne
forferdelige[16] vinter.

1 unusually; 2 the corn; 3 froze; 4 fields; 5 the autumn; 6 to
death; 7 cellars; 8 ice; 9 cows; 10 the sheds; 11 the earth;
12 lakes; 13 froze to the bottom; 14 **sette til**, to lose; 15 traces;
16 terrible.

London som er Englands hovedstad,[1] er den viktigste[2]
by i det britiske rike.[3] Den er den største, rikeste og mest
befolkede[4] by i verden.[5] London ligger på begge sider av
elven[6] Themsen, hvorover er bygget seksten broer.[7] Trafik-
ken på mange steder i London er vidunderlig[8] å se på.
Kjøretøyene[9] er ofte så nær hverandre, at de nesten[10] ikke[10]
kan komme frem.

London er Englands og det britiske rikes sentrum.
Alle de store jernbanelinjer[11] løper ut fra den, og løper inn
til den. Skiper[12] fra alle verdensdeler[13] seiler inn i Londons
havn[14] hver eneste dag bringende matvarer[15] og mange
andre nødvendige[16] artikler til innbyggerne.[17]

London har mange berømte, vakre severdigheter,[18] som
tusenvis[19] av mennesker fra hele jordkloden[20] strømmer til
for å se. De finnes, blant andre, Overhuset,[21] hvor med-
lemmene[22] med dronningen i spissen,[23] regjerer[24] det britiske
rike, det største på jorden.

1 capital; 2 most important; 3 empire; 4 populated; 5 world;
6 river; 7 bridges; 8 wonderful; 9 vehicles; 10 hardly; 11 railways;
12 ships; 13 parts of the world; 14 harbour; 15 foodstuffs;
16 necessary; 17 inhabitants; 18 sights; 19 thousands; 20 globe;
21 the Houses of Parliament; 22 members; 23 the head; 24 reign.

Valhalla.—Valhalla er guden[1] Odins bolig,[2] hvori han fester sammen med sine utvalgte[3] helter[4]; det er alle de som er falt tappert[5] i kamp,[6] for de som dør[7] en fredens[8] død er utelukket.[9] Kjøtt[10] av villsvinet[11] Schrimner serveres[12] for dem, og det er mere enn nok til alle. Skjønt dette villsvin stekes[13] hver morgen, blir det levende[14] igjen hver aften. Som drikk[15] bruker guderne mjød[16] som de får i overflod[17] av gjeten[18] Heidrum.

Når guderne ikke fester, morer de seg med å slåss.[19] Hver dag rider de ut og slåss inntil alle er drept, men når tiden til å spise kommer, levner de opp igjen og vender[20] tilbake[20] til Valhalla for å feste.

1 the god; 2 abode; 3 chosen; 4 heroes; 5 bravely; 6 battle; 7 die; 8 peaceful; 9 excluded; 10 flesh; 11 wild boar; 12 is served; 13 roasted; 14 alive; 15 drink; 16 mead; 17 abundance; 18 she-goat; 19 fighting; 20 return.

Der oppstod[1] engang en strid[2] mellem vinden[3] og solen[4] om, hvem var den sterkeste av de to, og de ble[5] enige[5] om å[6] avgjøre saken på den måten,[6] at den som først fikk[7] en reisende til å ta sin kappe[8] av, skulle anses[9] for å være den sterkeste.

Vinden begynte å blåse av alle krefter,[10] men jo sterkere den blåste, desto[11] tettere[12] svøpte[13] den reisende sin kappe om seg, og desto fastere[14] grep[15] han om den med hendérne. Så brøt[16] solen fram[16] og fordrev[17] kulden[18] med sine stråler.[19]

Den reisende følte[20] den behagelige[21] varme, og da solen skinte[22] klarere[23] og klarere,[23] satte han seg ned, overveldet[24] av heten, og kastet[25] sin kappe på jorden.

1 arose; 2 dispute; 3 the wind; 4 the sun; 5 å bli enig, to agree; 6 å avgjøre saken på den måten, to settle the matter in such a way; 7 got (= made); 8 cloak; 9 considered; 10 might; 11 the more; 12 closely; 13 wrapped; 14 firmly; 15 å gripe, to clutch; 16 å bryte fram, to come forth (= out); 17 dispersed; 18 the cold; 19 rays; 20 felt; 21 pleasant; 22 shone; 23 more and more brightly; 24 overcome; 25 threw.

Kunstneren[1]: Har De brakt mitt maleri[2] til utstillingen[3]?

Budet[4]: Ja, min herre; bestyrelsen[5] syntes[6] å være henrykt[7] over det.

Kunstneren (fornøyd): Hva sa den da?

Budet: Å, den sa ikke noe, den lo[8] bare.

1 the artist;   2 painting (= picture);   3 the exhibition;   4 the messenger;   5 the committee;   6 seemed;   7 delighted;   8 laughed.

Beroliget.[1] — Jeg har en vakker samling[2] av sjeldne[3] fioliner. Noen av dem er meget gamle og meget kunstferdig[4] utført.[5] Kom, skal De få se dem.

Spiller De fiolin? spurte den besøkende. — Nei, det gjør jeg ikke.

Så, vil jeg med største fornøyelse[6] komme og se på samlingen.

1 reassured;   2 collection;   3 rare;   4 artistically;   5 executed (= made);   6 pleasure.

En rev[1] hadde mistet sin hale[2] i en felle[3]; men den besluttet[4] å[5] gjøre gode miner til slett spill,[5] og sammenkalte[6] et møte[7] av de andre rever, og foreslo[8] at de alle skulle skjære[9] halen av.[9]

Dere kan ikke tenke dere, sa den, den letthet[10] hvormed jeg nu beveger[11] meg omkring.[11]   En hale er et så stygt[12] og unødvendig[13] påheng,[14] at det undrer meg at vi har funnet[15] oss i det[15] så lenge.

Men en gammel rev sa til den: Du ville visst neppe ha rådet[16] oss til å avskaffe[17] vår hale, hvis det hadde vært noen utsikt[18] til, at du kunne fått din egen igjen.

1 fox;   2 tail;   3 trap;   4 decided;   5 å gjøre gode miner til slett spill, to make the best of a bad business;   6 called together; 7 meeting;   8 proposed;   9 skjære av, to cut off;   10 ease, lightness;   11 å bevege seg omkring, to move about;   12 ugly;   13 unnecessary;   14 appendage;   15 å finne seg i, to put up with; 16 advised;   17 to abolish, to do away with;   18 chance, prospect.

FIFTEENTH LESSON.

IMPERSONAL VERBS are preceded by **det** (deh), IT, as:

it is raining	**det regner** (rai'-ner)
it is snowing	**det sner** (snehr)
it is freezing	**det fryser** (frɛɛ'-ser)
it is blowing	**det blåser** (blaw'-ser)

The English IMPERSONAL FORM is sometimes expressed in Norwegian by the PASSIVE, as:

it succeeds **det lykkes** (lɛɛk'-kes)   it seems **det synes** (sɛɛ'-nes)
it is said   **det sies** (see'-es)

Other IMPERSONAL EXPRESSIONS are:

it is hot	**det er varmt** (vǎhrmt)
it is fine (weather)	**det er pent vær** (vair)
there is a knock at the door	**det banker** (bǎhn'-ker) **på døren**
there is a ring at the door	**det ringer** (ring'-er) **på døren**

Some Expressions are PERSONAL in English, but IM-PERSONAL in Norwegian, as:

I am glad	**det gleder** (glai'-der) **meg**
I am sorry	**det gjør meg ondt** (ont)
you had better do it	**det er bedre at De gjør det**

ONE, YOU, THEY, PEOPLE, used in an Indefinite sense, are rendered in Norwegian by **man** (mǎhn) or **en** (ehn).

one does not know (it)	**man** (or **en**) **vet det ikke**
how do you say that?	**hvorledes** (voor-leh'-des) **sier man det?**
people like it	**man liker** (lee'-ker) **det**

man can only be used as SUBJECT.

62.

1. Man taler om Dem.   2. Man liker å være hjemme.   3. Hvor kan man kjøpe frimerker? 4. En liker dette, en annen noe annet.   5. Hvis man spør om min adresse, oppgi den ikke.   6. Det sier man ute på landet.   7. Man er aldri for gammel til å lære.

62a.

1. People are speaking of you. 2. One likes to be at home. 3. Where can one buy stamps? 4. One (person) likes this, another something else. 5. If they ask (*or* if one asks) for my address, don't give it. 6. They say so in the country. 7. One is never too old to learn.

In Norwegian, the Verb in the Infinitive is often preceded by a PREPOSITION, which is not expressed in English, as:

I went to visit my friend	jeg gikk for å besøke min venn
we are ready to go	vi er ferdig til å gå
he was surprised to find us at home	han var forbauset over å finne oss hjemme

---

The PRESENT PARTICIPLE of Norwegian Verbs is formed by adding **ende** to the STEM of the Verb, as:

learning	lærende	running	løpende
giving	givende	working	arbeidende

The PRESENT PARTICIPLE is seldom used in Norwegian. It is generally replaced by the Infinitive, as:

I see her coming	jeg ser henne komme
we saw him standing there	vi så ham stå der

---

sure	sikker	to continue	å fortsette
	sik'-ker		fort'-set-ter
worth	verdt	to need	å trenge
	vairt		trehng'-er

to refrain from   å la være (lah vai'-rer)

63.

1. Han fortsatte å skrive i to timer. 2. De kan være sikker på å høre fra meg. 3. Det er vel verdt å se. 4. Å se er å tro. 5. Jeg trenger en gutt til å bære min bagasje. 6. Vi kunne ikke la være å le.

63a.

1. He continued writing for two hours. 2. You may be sure to hear from me. 3. That is well worth seeing.

4. Seeing is believing. 5. I need a boy (for) to carry my luggage. 6. We could not help (= refrain from) laughing.

Some Verbs are REFLEXIVE in Norwegian, but not in English, as:

to be ashamed	å skamme seg skähm'mer	to marry	å gifte seg gif'-ter
to put up with	å finne seg i fin'-ner	to reside	å oppholde seg op-hohl'-ler

to trouble about   å bry (brEE) seg om

64.

1. Han finner seg i slik behandling. 2. Vi skammet oss over Dem. 3. Hun har giftet seg med en rik mann. 4. De skal ikke bry Dem om det. 5. Oppholder de seg i Paris eller i Rom? 6. De giftet seg i fjor. 7. Han skammer seg ikke over å si det.

64a.

1. He puts up with such treatment. 2. We were ashamed of you. 3. She has married a rich man. 4. You must not trouble about it. 5. Are they staying (= residing) in Paris or in Rome? 6. They were married last year. 7. He is not ashamed to say so (it).

OF is not translated in Norwegian when it stands between two Nouns, if the first of these Nouns expresses weight, measure, number, or quantity, as:

a pound of coffee   et pund kaffe (ett poon kähf'-fer)
a cup of chocolate en kopp sjokolade (ehn kop shoo-koo-lah'-der)
a glass of wine   et glass vin (ett glahss veen)
a crowd of people   en folkemengde (ehn fool'-ker-meng-der)

OF is also omitted before the names of months, when giving the date, and places, as:

the tenth of June   den tiende juni
the island of Hitteren   øya Hitteren

The DEFINITE ARTICLE is often used in Norwegian, where in English a POSSESSIVE Pronoun would be used, as:

he broke his (= the) leg	**han brakk benet** (beh'-ner)
has she forgotten her (= the) money?	**har hun glemt pengene?**

courage **mot** (n.)	life **liv** (n.)	to shake **å ryste**
moot	leev	REES'-ter
head **hode** (n.)	sailor **sjømann**	to lose **å miste, å tape**
hoo'-der	shö'-mähn	mees'-ter, tah'-per

65.

1. Hvorfor ryster De på hodet?   2. Han har tapt motet.   3. Tap ikke motet.   4. Gi meg hånden.   5. Sjømannen mistet livet.   6. De skulle ha tatt hatten av.

65a.

1. Why do you shake your head?   2. He has lost his courage.   3. Do not lose your courage.   4. Give me your hand.   5. The sailor lost his life.   6. You should have taken your hat off.

After Verbs expressing movement from or towards a place, HERE and THERE are rendered by **hit** and **dit**; WHERE FROM and WHERE TO are rendered by **hvorfra** and **hvorhen**; TO AND FRO is rendered by **fram og tilbake**, as in the following phrases:

why did he not come here?	**hvorfor kom han ikke hit?**
I did not go there	**jeg gikk ikke dit**
where do you come from?	**hvorfra kommer De?**
where are they going (to)?	**hvorhen går de?**
they travel to and fro	**de reiser fram og tilbake**

Adverbs are compared like Adjectives, as:

POSITIVE.	COMPARATIVE.	SUPERLATIVE.
often **ofte** (off'-ter)	**oftere** (off'-ter-rer)	**oftest** (off'-test)

A few Adverbs are irregularly compared, as:

gladly	**gjerne** (yair'-ner)	**heller** (hel'-ler)	**helst** (helst)
badly	**ondt** (ont) **dårlig** (dawr'-le)	**værre** (vair'-rer)	**værst** (vairst)

USEFUL MISCELLANEOUS PHRASES.

Here we are at last!	Her er vi endelig!
Will you pay the driver?	Vil De betale sjåføren?
I have no change.	Jeg har ingen småpenger.
Put the bag in the hall.	Legg vesken i entréen.
Is it very heavy?	Er den meget tung?
It is almost empty.	Den er nesten tom.
What will you drink?	Hva vil De drikke?
I should like a cup of tea.	Jeg vil gjerne ha en kopp te.
Take some sugar.	Forsyn Dem med sukker.
Have you enough milk?	Har De nok melk?
My tea is not sweet enough.	Min te er ikke søt nok.
The coffee is too strong.	Kaffen er for sterk.
When will you be ready?	Når vil De bli ferdig?
Have you paid the bill?	Har De betalt regningen?
I do not want to stay here.	Jeg vil ikke bli her.
I don't like this town.	Jeg liker ikke denne byen.
When do you want to start?	Når ønsker De å reise?
It is all the same to me.	Det er det samme for meg.
I want to leave to-night.	Jeg vil reise i aften.
When did you write to them?	Når skrev De til dem?
I have not yet written.	Jeg har enda ikke skrevet.
I cannot find the address.	Jeg kan ikke finne adressen.
I think I can give it you.	Jeg tror jeg kan gi Dem den.
I wrote it down in my pocket-book.	Jeg skrev den ned i min notisbok.
I will write it down.	Jeg vil skrive den ned.
Have you taken the tickets?	Har De kjøpt billettene?
Buy them now, it is time to [go.	Kjøp dem nå, det er tid å gå.
Whom did you meet?	Hvem møtte De?
Who told you so?	Hvem fortalte Dem det?
What do you know about it?	Hva vet De om det?
Say something.	Si noe.
Everybody knows that.	Alle vet det.

PROGRESSIVE READING.

A number after a word refers to the English translation in the foot-
notes.

Et ord bare!—

Et ord! Deres Majestet, ropte en soldat, idet han pre-
senterte en ansøkning[1] om å bli opptatt[2] i en høyere grad.[3]

Hvis De sier to ord, vil De bli skutt[4] for Deres ufor-
skammethet,[5] sa kongen.

Uten betenkning[6] svarte soldaten: Underskriv[7]! Kongen
smilte og anmodningen[8] var innvilget.[9]

1 petition;   2 admitted, raised;   3 rank;   4 å skyte, to shoot;
5 impertinence;   6 hesitation;   7 sign;   8 the request;   9 granted.

En berømt dramatiker hadde i begynnelsen[1] av sin
karrière mange forskjellige[2] vanskeligheter[3] å kjempe[4] med.[4]
Teaterdirektørene sendte uten[5] unntagelse,[5] alle hans
manuskripter tilbake med de ord: "Til[6] ingen nytte,[6]"
hvilket gjorde at han ble mer og mer motløs.[7]

Endelig begynte en velkjent[8] skuespiller[9] å interessere
seg for den unge mannen, og introduserte ham til direk-
tøren for et av de beste teatre i London.

Den unge forfatter[10] sendte ham sitt sist skrevne manu-
skript, og fikk straks etter beskjed om å melde[11] seg på[11]
kontoret.

Jeg synes[12] godt om[12] dette skuespillet, sa direktøren,
hva vil De ha for det?

Tredve pund, var det beskjedne[13] svar.

Jeg vil ta det, hvis De vil la meg få det for den halve
prisen, svarte direktøren.   Og med tungt[14] hjerte[15] mottok[16]
den unge mann tilbudet.[17]

Her er Deres penger, min venn, og må jeg gi Dem et
godt råd[18]?   Selg aldri mer et godt skuespill så billig som
dette.

1 the beginning;   2 various;   3 difficulties;   4 to fight against;
5 invariably;   6 of no use;   7 discouraged;   8 well-known;   9 actor;
10 author;   11 å melde seg på, to call at;   12 å synes om, to like,
13 modest;   14 heavy;   15 heart;   16 accepted;   17 offer;   18 advice.

Den øya[1] som New-York nå ligger på, kjøpte europeerne
i 1668 av indianerne for: ti skjorter,[2] tredve par sokker,[3]
tyve geværer,[4] hundrede kuler,[5] seksti pund krutt,[6] femti
håndøkser,[7] førti kjeler,[8] og en messingsteikepanne.[9]

Indianerne trodde at de hadde gjort en god handel.[10]
Hvor mye ville den grunnen[11] være verdt[12] nå?

1 island;   2 shirts;   3 socks;   4 guns, rifles;   5 bullets;   6 gun-
powder;   7 hatchets;   8 kettles;   9 brass frying-pan;   10 business,
bargain;   11 ground;   12 worth.

En fornem[1] russisk dame var invitert til en fest hos en
fransk ambassadør.   Hun var forsinket[2] og kom en time
for sent.   Av høflighet[3] mot den fornemme gjest,[4] var
middagen utsatt.[5]   Da damen endelig kom, hvisket[6] en av
de sultne gjester på gresk[7] til sin nabo[8]: Når man hverken[9]
er ung eller vakker, har man ingen rett til å komme for
sent.   Damen vendte seg, og sa på samme sproget: Hvis
man er så uheldig[10] å skulle spise[11] middag[11] med udannete[12]
mennesker, kommer man alltid for tidlig.

1 high-born;   2 detained;   3 politeness;   4 guest;   5 å utsette, to
delay;   6 å hviske, to whisper;   7 Greek;   8 neighbour;   9 neither;
10 unfortunate;   11 å spise middag = to dine;   12 rude.

Jeg er selskapet.[1]—

En musiker som var meget høy og svær,[2] var også en
ganske ualminnelig[3] storspiser.[4]   Han gikk en dag inn i en
restaurant, og da han var meget sulten, bestilte[5] han en
middag[6] til tre personer.   Han ventet lenge på at maten[7]
skulle bli servert, tapte tålmodigheten,[8] og ropte til kel-
neren: Hvorfor serverer De ikke maten?

Den er ferdig,[9] min herre, jeg venter bare på selskapet.

Bring da maten med[10] det samme[10]; jeg er selskapet.

1 the company;   2 big;   3 exceptionally;   4 large eater;   5 ordered;
6 dinner;   7 meal;   8 (the) patience;   9 ready;   10 med det samme,
at once.

Valkyrjer er jomfruer[1] til[2] hest[2] bevæpnet[3] med hjelm[4] og spyd.[5] Odin, som ønsker å samle et stort antall krigere[6] i Valhalla, for å kunne møte kjempene[7] den dag det avgjørende[8] slag[9] må komme, sender sine valkyrjer ned til slagmarkene[10] for å utvelge[11] de helter[12] som skal falle. Når valkyrjene rider[13] avsted,[14] utstråler[15] deres rustning[16] et sterkt lys som blusser[17] opp[17] over den nordlige himmel, og dette lyset kaller folk Nordlys.[18]

1 virgins;   2 on horseback;   3 armed;   4 helmet;   5 spear;
6 warriors; 7 champions (giants); 8 decisive; 9 battle; 10 battle-
fields;   11 select;   12 heroes;   13 ride;   14 forth;   15 sheds;
16 armour;   17 blazes up;   18 Northern Lights (Aurora Borealis).

Drømmetyderne.[1]—

En østerlandsk fyrste drømte at han hadde mistet alle sine tenner.[2] Han spurte en drømmetyder hva drømmen[3] skulle bety.[4]

Gud fri[5] deg fra ulykke,[6] sa drømmetyderen, drømmen betyr at du skal se alle dine slektninger[7] dø.

Da fyrsten hørte uttydningen,[8] ble han sint,[9] og befalte[10] at drømmetyderen skulle straffes med hundrede piskeslag.[11] Siden[12] kalte han for seg en annen drømmetyder og ba ham tyde drømmen.

Han svarte: Himmelen skjenke[13] alle dine slektninger et langt liv. Drømmen betyr at du skal overleve[14] dem alle.

Dette svar syntes[15] fyrsten godt om[15] og drømmetyderen fikk hundrede gullstykker som belønning.[16]

1 the soothsayers (literally, interpreters of dreams);   2 teeth;
3 the dream;   4 å bety, to mean or signify;   5 preserve;   6 mis-
fortune;   7 relatives;   8 the interpretation;   9 angry;   10 com-
manded;   11 lashes;   12 thereupon;   13 grant;   14 outlive;
15 syntes godt om, pleased;   16 reward.

SIXTEENTH LESSON.

Most Norwegian Verbs are conjugated with **å ha** (TO HAVE), but Verbs expressing movement or change are generally conjugated with **å være** (TO BE). Such are:

TO GO **å gå**   TO COME **å komme**
she has gone **hun er gått**   he has come **han er kommet**

A few other Verbs are also usually conjugated with **å være**, as:

to remain, } to become, } **å bli** (blee)	to happen, **å hende** (hen'-ner) to begin, **å begynne** (beh-ghEEN'-ner)

66.

1. Jeg var gått hjem. 2. Han er kommet for å hente Dem. 3. Skuespillet var begynt da vi kom. 4. Det er blitt gjort mange ganger. 5. Hun er plutselig blitt fattig. 6. Han er allerede gått. 7. Vi er blitt sittende her i parken. 8. Jeg er begynt å lære norsk.

66a.

1. I had gone home. 2. He has come to fetch you. 3. The play had begun when we arrived. 4. That has been done many times. 5. She has suddenly become poor. 6. He has already gone. 7. We have been sitting here in the park. 8. I have begun to learn Norwegian.

In Norwegian, the FUTURE TENSE is often used instead of the PRESENT, as:

where are you going?   **hvor skal De hen?**
I am going to the theatre   **jeg skal i teatret**

ALL, meaning THE WHOLE, is rendered by **hele** (heh'-ler):

all (= the whole) day   **hele dagen** (dah'-ghen)
all the (=the whole) world   **hele verden** (vehr'-den)
all (= the whole of) Oslo   **hele Oslo** (oos'-loh)
all (= the whole of) Norway   **hele Norge** (nor'-gher)

to honour $\begin{cases} \text{å ære (ai'-rer)} \\ \text{å hylde (hEEl'-der)} \end{cases}$

to mourn, å sørge (sör'-gher)

people, folk, n. (fohlk)

parents, foreldre (for-el'-drer)

wood, skog (skoog)

field $\begin{cases} \text{mark (mährk)} \\ \text{aker (ah'-ker)} \end{cases}$

nation, nasjon (nah-shon')   away, bort (boort)

67.

1. Hele folket hyldet kongen. 2. Hele nasjonen sørget. 3. Han arbeider hele dagen. 4. Jeg vet ikke hva jeg skal gjøre. 5. Hun skal bort i butikken. 6. Barn skal ære sine foreldre. 7. Marka er nær skogen.

67a.

1. All the people honoured the king. 2. The whole nation mourned. 3. He works all day. 4. I do not know what to do. 5. She is going to the shop. 6. Children should honour their parents. 7. The field is near (= close to) the wood.

Adjectives and Present Participles are sometimes used in the place of Nouns. They take the Definite Article to express the singular or the plural. The words themselves remain unchanged, as:

the old people, de gamle, gähm'-ler

the poor people, de fattige, fäht'-tee-er

young folks, de unge or ungdom, oong'-er oong'-dom

the rich man, den rike, ree'-ker

the visitor, den besøkende, beh-sö'-ken-ner

the traveller, den reisende, ray'-sen-ner

68.

1. De reisende kommer klokka fire. 2. De unge burde more seg. 3. De gamle var til stede. 4. Ble de besøkende presentert til Dem? 5. De rike er ikke alltid lykkelige. 6. All ungdom synes om or liker det.

68a.

1. The travellers are coming at four o'clock. 2. Young people should enjoy themselves. 3. The old people were present. 4. Were the visitors introduced to you? 5. Rich people are not always happy. 6. All young people like it.

PREPOSITIONS may be Simple or Compound in Norwegian. In most cases the meaning is the same, as:

blant or iblant (blăhnt, ee'-blăhnt)	AMONG
gjennom or igjennom (yen'-nom, ee'-yen-nom)	THROUGH
mellom or imellom (mehl'-lom, ee'-mehl'lom)	BETWEEN
mot or henimot (moot, hehn'-ee-moot)	TOWARDS
mot or imot (moot, ee'-moot)	AGAINST

uten (oo'-ten) WITHOUT   om (omm) ABOUT
utenfor (oo'-ten-for) OUTSIDE   omkring (omm-kring') ROUND ABOUT

69.

1. Han gjorde det mot *or* imot sin vilje. 2. Gikk de gjennom *or* igjennom skogen? 3. Det er ikke blant *or* iblant disse bøkene. 4. De går henimot akeren. 5. Han stod utenfor og ventet på meg. 6. Hun ville ikke gå uten oss. 7. Huset ligger mellom skogen og markene. 8. De gikk omkring i byen.

69a.

1. He did it against his will. 2. Did they go through the wood? 3. It is not among these books. 4. They are going towards the field. 5. He stood outside waiting (= and waited) for me. 6. She would not go without us. 7. The house lies between the wood and the fields. 8. They went (round) about in the town.

COMPOUND WORDS are frequently used in Norwegian, as:

a royal child	et kongebarn (kon*g*'-er-bahrn)
a doctor's wife	en doktorfrue (dock'-toor-froo'-er)
a peasant's wife	en bondekone (boon'-ner-koon'-ner)
a silver watch	et sølvur (söl'-EEr)
a leather bag	en skinnveske (shin'-ves-ker)
a velvet gown	en fløyelskjole (flö'-els-hgoo'-ler)
a golden wedding	et gullbryllup (gool'-brEEl-loop)
New Year greetings	nyttårshilsener (nEEt'-awrs-hil'-ser-ner)
birthday gifts	fødselsdagsgaver (föt'-sels-dahgs-gah'-ver)

In COMPOUND WORDS, the last word decides Gender and Number.

70.

The following sentences are idiomatically rendered.

1. De besøker oss av og til.   2. Vi venter svar hver dag.   3. Hva står De og ser på?   4. Han sitter og leser Deres brev.   5. Jo mer De gir ham dess mer forlanger han.   6. Hun kommer tilbake om en uke eller så.   7. Vi stod og beundret utsikten fra vinduet.

70a.

1. They come to see us from time to time.   2. We are expecting an answer from day to day.   3. What are you looking at (= stand you and look at)?   4. He is reading (= sits and reads) your letter.   5. The more you give him the more he wants (= desires).   6. She is coming back in about a week.   7. We were admiring (= stood and admired) the view from the window.

---

so is often rendered by **det** (deh) THAT, in expressions like the following:

I hope so
= that I hope } **det håper** (haw´-per) **jeg**

I believe so
= that I believe } **det tror** (troor) **jeg**

WHAT SORT OF *or* WHAT KIND OF, not always expressed in English, is rendered in Norwegian by **hva slags** (văh slahgs), as:

what (sort of) men are they?   **hva slags menn er de?**
what (kind of) book is this?   **hva slags bok er dette?**
what (kind of) money must I   **hva slags penger må jeg**
    use?   **bruke?**

After Pronouns and Adjectives, ONE is not translated in Norwegian, as:

Which hat is yours?—This ONE.—The old ONE.
Hvilken hatt er Deres?—Denne.—Den gamle.
Will you go by this train or by a later one?
Skal De reise med dette toget eller med et senere?

USEFUL MISCELLANEOUS PHRASES.

Is this house for sale?	Er dette huset til salgs?
No, it is to let only.	Nei, det leies bare ut.
Have you any rooms to let?	Har De noen ledige værelser?
How many rooms will you want?	Hvor mange værelser ønsker De?
I should like two rooms.	Jeg vil gjerne ha to værelser.
On the first floor.	I annen etasje.
For how long?	For hvor lang tid?
For three or four months.	For tre eller fire måneder.
How much is the weekly rent?	Hva er leien pr. uke?
I am afraid the price is too high.	Jeg er redd for at prisen er for høy.
The bedroom is on the second floor.	Soveværelset er i tredje etasje.
I prefer the first floor.	Jeg foretrekker annen etasje.
At what time is breakfast?	Når serveres frokost?
It is served at eight o'clock.	Den serveres klokka åtte.
That is rather early.	Det er temmelig tidlig.
You can have it later.	Den kan serveres senere.
Any time you like (= want).	Når som helst De ønsker.
Dinner is at three o'clock.	Middagen er klokka tre.
Can we have supper here also?	Kan vi også få aftens her?
Yes, whenever it suits you.	Ja, når det passer Dem.
Here is the latch-key.	Her er entrénøkkelen.
There are some letters for you.	Det ligger noen brev til Dem.
I will get them at once.	Jeg vil hente dem med det samme.
Have you seen the bedroom?	Har De sett soveværelset?
It is large and comfortable.	Det er stort og koselig.
Where is the dining-room?	Hvor er spisestuen?
Here is the smoking-room.	Her er røkeværelset.

PROGRESSIVE READING.

A number after a word refers to the English translation in the foot-
notes.

Det er en mann som alltid holder sitt ord.

Virkelig,[1] hvorledes vet De det?

Fordi ingen tar[2] imot[2] det.

1 really;   2 å ta imot, to accept.

Doktoren rystet på hodet.

Pasienten, engstelig[1]: Er det meget alvorlig[2], doktor?

Doktoren: Jeg kan først fortelle Dem det etter lik-
undersøkelsen.[3]

1 anxiously;   2 serious;   3 inquest.

Vertinnen[1]: En herre kom og spurte etter Dem.

Den losjerende[2]: Leverte[3] han noe til meg?

Vertinnen: Tvert[4] imot,[4] i det øyeblikk jeg var inne
hos min mann for å spørre om han hadde sett om De var
kommet hjem, hadde den fremmede[5] tatt[6] seg noen få[7] ting,
og gått sin vei med dem.

1 landlady;   2 lodger;   3 å levere, to deliver, to leave;   4 on the
contrary;   5 stranger;   6 å ta, to appropriate, to take;   7 few.

Kona med eggene.—

En kone gikk på gata.   Hun bar en kurv med egg.
Noen slemme[1] gutter puffet[2] til henne, så kurven falt ned,
og alle eggene gikk[3] i stykker.[3]

Kona begynte å gråte,[4] for hun var fattig og ville selge
eggene for å få penger til brød.   En snill gutt så dette.
Han syntes[5] synd[5] på kona, og så løp han hjem etter spare-
børsa[6] si.   Der hadde han noen få kroner, som han ga kona.
Nå var hennes sorg[7] forbi, og gutten var også glad,[8] for han
hadde gjort en god gjerning.[9]

1 naughty;   2 pushed;   3 were broken;   4 to weep;   5 took pity;
6 money-box;   7 trouble;   8 happy;   9 deed.

Oslo er Norges hovedstad[1] og har omtrent[2] 450,000 innbyggere.[3] Byen har en meget vakker beliggenhet[4] ved Oslofjorden. Mot[5] nord ligger den såkalte[6] Nordmarka som består av høye skogkledte[7] åser,[8] oppfylt av vakre vann.[9] Et elektrisk tog[10] fører opp til åsryggen,[11] hvorfra man en klar dag har en vakker utsikt[12] over byen og sjøen.

Hver søndags morgen drar[13] nesten hele byens ungdom opp til Nordmarka, om vinteren for å gå på ski, om sommeren for å spasere i den herlige[14] friske skogluft.[15]

Hovedgata[16] heter[17] Karl Johansgata og fører fra Østbanestasjonen til slottet,[18] som ligger på toppen av en bakke, omgitt[19] av en stor park.

Oslo er en forholdsvis[20] ny by, så det er ikke mange gamle severdigheter[21] for utlendinger.[22]

1 capital; 2 about, nearly; 3 inhabitants; 4 situation; 5 towards; 6 so-called; 7 wooded; 8 mountain ridges; 9 lakes; 10 railway; 11 top of the ridge; 12 view; 13 å dra til, to go towards; 14 glorious; 15 forest air; 16 principal street; 17 is called; 18 the royal palace; 19 surrounded; 20 comparatively; 21 places of interest; 22 foreigners.

Altså ikke mistet.—En skipsgutt[1] hadde fått ordre av sin kaptein til å skylle[2] hans sølvkaffekanne[3]; men kannen glir[4] ut av hendene på ham og faller i sjøen.

Hr. kaptein, spør gutten, er en ting mistet når man vet hvor den er?

Dumrian,[5] svarte kapteinen, hvorledes kan den være mistet når man vet, hvor den er?

Vel, sa gutten, så er Deres sølvkanne heller ikke mistet; jeg vet godt hvor den er. Den ligger dernede[6] i sjøen.

1 ship's boy; 2 to clean, to rinse; 3 silver coffee-pot; 4 slips; 5 blockhead; 6 down there.

Dr. Swift, forfatteren[1] av "The Travels of Gulliver," forberedte[2] seg til å gå ut en dag da det regnet. Hans tjener[3] kom inn med sin herres ubørstede[4] støvler.[5]

Hvorfor har De ikke børstet dem? spurte han.

Fordi jeg syntes ikke at det var værdt[6] brydderiet[7], da de allikevel vil bli skitne[8] igjen. Swift tok[9] dem da på[9] som de var. Etter noen få minutters forløp ba tjeneren om nøkkelen[10] til spiskammeret.[11]

Hvorfor? sa Dr. Swift.—For å få min frokost.[12]

Å, svarte Swift, det er ikke værdt brydderiet, da De vil bli sulten igjen om to timer. Han gikk derpå[13] ut.

1 the author;   2 prepared;   3 servant;   4 unbrushed;   5 boots; 6 worth;   7 trouble;   8 dirty;   9 å ta på, to put on;   10 the key; 11 the pantry;   12 breakfast;   13 thereupon.

Patrioten.—Hvor høyt[1] molboerne[2] elsket sitt fedreland viser følgende historie om en møller.[3]   Denne reiste engang på grensen[4] av landet i forretninger,[5] og der hørte han en gjøk[6] fra Mols kappes[7] med en kongelig gjøk i et tre, om hvem som kunne gale[8] flest ganger.

Da mølleren merket[9] at Molbogjøken ville komme til kort, steg han av hesten, krøp[10] selv opp i treet og hjalp sin landsmann så lenge med å gale til royalisten måtte gi[11] tapt.[11]

Men da mølleren kom ned igjen, hadde en ulv i mellomtiden[12] spist hans hest, så han måtte gå til fots[13] hjem, hvor han ble kronet med en ekekrans.[14]

1 greatly;   2 the people of Mols (an island off the coast of Jutland);   3 miller;   4 the frontier;   5 on business;   6 cuckoo; 7 compete;   8 to crow (= cuckoo);   9 noticed;   10 crept;   11 give up;   12 meanwhile;   13 on foot;   14 wreath of oak leaves.

Norges fjorder.[1]—Som De vet er den norske kyst[2] full av fjorder.   Noen er korte, andre lange, noen brede,[3] andre smale,[4] men alle oppfylt av større eller mindre øyer, de store ofte skogkledte, de mindre glattvasket[5] i tidens[6] løp[6] av den urolige[7] sjø.[8]   Ved kysten og i fjordene er det også mange undervanns[9] skjær[10] og grunner[11] som gjør seilasen[12] meget farlig[13] i stormfult vær og tåke.[14] Men i sånt[15] vær er alltid losene[16] ute med sine båter og er ferdige til å gå ombord i de store dampere[17] og styre dem i havn.

Mangen en damper er blitt reddet i en slik mørk og stormfull natt av de kjekke[18] loser som trosser[19] stormen og døden i sine små båter.[20]

1 inlets, fjords; 2 coast; 3 wide; 4 narrow; 5 washed smooth; 6 the course of time; 7 restless; 8 sea; 9 submerged; 10 rocks; 11 sandbanks; 12 the navigation; 13 dangerous; 14 fog; 15 such; 16 pilots; 17 steamboats; 18 bold; 19 defy; 20 boats.

Butlers Hest.—Den blant Englands gode[1] hoder[1] så bekjente Butler, kom en rå[2] vinterdags aften til et vertshus,[3] hvor de tilstedeværende[4] gjester satt rundt en hyggelig[5] kaminild,[6] uten at en eneste av dem var elskverdig[7] nok til å gjøre plass for den fremmede, som nesten[8] var stiv av kulde.

Plutselig ropte Butler: Kelner,[9] gi hesten min tre snes[10] østers.[11]

Havre[12] mener De vel min herre?

Jeg vet godt hva jet sier, jeg mener østers. Hold dem bare foran hesten i et trau.[13]

Kelneren gikk, og de ved kaminilden sittende gjester listet[14] seg den ene etter den annen ut for å se den forunderlige hest som spiste østers. Imidlertid fikk Butler anledning[15] til å finne[16] den beste plass ved kaminilden.

Da kom kelneren tilbake, og med ham også gjesterne tilbake.

Min herre, sa den første, hesten liker ikke østers.

Godt, sa Butler, så gi den havre og bring meg østersene med[17] noe pepper[18] og salt.

1 quick witted; 2 raw; 3 inn; 4 assembled; 5 cheerful; 6 fire; 7 kind; 8 almost; 9 waiter; 10 dozen; 11 oysters; 12 oats; 13 trough; 14 å liste seg ut, to slink away; 15 opportunity; 16 select; 17 with; 18 pepper.

LIST OF REGULAR VERBS.

In the REGULAR CONJUGATION the endings are:

PRESENT TENSE.	PAST TENSE.	PAST PARTICIPLE.
r	et or te	et or t

EXAMPLES: INFINITIVE.	PRESENT.	PAST.	PAST PARTICIPLE.
TO WAIT	å vente	venter	ventet	ventet
	ven'-ter	ven'-ter	ven'-tet	ven'-tet
TO READ	å lese	leser	leste	lest
	lai'-ser	lai'-ser	lais'-ter	laist

The following Verbs are conjugated like **å vente.**

å arbeide   to work
ähr'-bay-der

å banke   to knock
băhn'-ker

å beundre   to admire
beh-oon'-drer

å bygge   to build
bEEg'-gher

å børste   to brush
börs'-ter

å elske   to love
els'-ker

å ergre   to annoy
air'-grer

å forandre   to alter
fohr-ähn'-drer

å grave   to dig
grah'-ver

å hente   to fetch
hen'-ter

å huske   to remember
hoos'-ker

å håpe   to hope
haw'-per

å kaste   to throw
kähs'-ter

å kjempe   to fight
hgem'-per

å koste   to cost
kos'-ter

å leve   to live
leh'-ver

å love   to promise
loh'-ver

å lukke   to shut, close
look'-ker

å lytte   to listen
lEEt'-ter

å miste   to lose
mis'-ter

å more   to enjoy
moo'-rer

å samle   to gather, collect
sähm'-ler

å seile   to sail
say'-ler

å straffe   to punish
strähf'-fer

å takke   to thank
tähk'-ker

å vaske   to wash
vähs'-ker

å våkne   to awake
vawk'-ner

å ære to honour
 ai'-rer

å ønske to wish, want
 öns'-ker

å ødsle to spend, waste
 ös'-ler

å åpne to open
 awp'-ner

The following Verbs are conjugated like å lese.

å betale to pay
 beh-tah'-ler

å blåse to blow
 blaw'-ser

å brenne to burn
 bren'-ner

å bruke to use
 broo'-ker

å drepe to kill
 dreh'-per

å forberede to prepare
 fohr'-beh-reh'-der

å føre to lead, guide
 fö'-rer

å glemme to forget
 glem'-mer

å hilse to greet
 hil'-ser

å hvile to rest
 vee'-ler

å høre to hear
 hö'-rer

å kjenne to know
 hgen'-ner

å kjøpe to buy
 hgö'-per

å kjøre to drive
 hgö'-rer

å koke to boil, cook
 koo'-ker

å lære to learn
 lai'-rer

å løse to loosen, untie
 lö'-ser

å låne to lend, borrow
 law'-ner

å mene to mean
 meh'-ner

å møte to meet
 mö'-ter

å reise to travel, leave
 ray'-ser

å rose to praise
 roo'-ser

å sende to send
 sen'-ner

å spasere to walk, stroll
 spah-seh'-rer

å spille to play
 spil'-ler

å spise to eat
 spee'-ser

å stemme to vote
 stem'-mer

å stole på to rely on
 stoo'-ler paw

å svare to answer
 svah'-rer

å tale to speak
 tah'-ler

å tape to lose
 tah'-per

å tenke to think
 ten'-ker

å tenne to light
 ten'-ner

å tjene to serve
 tyeh'-ner

å unnskylde to excuse
 oon'-shEEl-ler

å vise to show
 vee'-ser

å øse to pour
 ö'-ser

LIST of the MOST IMPORTANT IRREGULAR VERBS.

INFINITIVE.	PRESENT.	PAST.	PAST PARTICIPLE.
å be, to beg, pray beh	ber behr	ba bah	bedt bet
å binde, to bind bin'-ner	binder bin'-ner	bandt bähnt	bundet boon'-net
å bite, to bite bee'-ter	biter bee'-ter	bet beht	bitt bit
å bli, to become blee to remain	blir bleer	ble bleh	blitt blit
å bo, to live, dwell boo	bor boor	bodde bood'-der	bodd bood
å brekke, to break brek'-ker	brekker brek'-ker	brakk brähk	brukket brook'-ket
å bringe, to bring bring'-er	bringer bring'-er	brakte brähk'-ter	brakt brähkt
å bære, to carry bai'-rer	bærer bai'-rer	bar bahr	båret baw'-ret
å dra, to draw, pull drah	drar drahr	dro droo	dradd *or* dratt drähd, dräht
å drikke, to drink drik'-ker	drikker drik'-ker	drakk drähk	drukket drook'-ket
å falle, to fall fähl'-ler	faller fähl'-ler	falt fählt	falt fählt
å finne, to find fin'-ner	finner fin'-ner	fant fähnt	funnet foon'-net
å fly, to fly flee	flyr fleer	fløy flöy	fløyet flöy'-et
å flyte, to flow flee'-ter	flyter flee'-ter	fløt flöt	flytt fleet
å fryse, to freeze free'-ser	fryser free'-ser	frøs frös	frosset fros'-set
å følge, to follow föl'-ler to accompany	følger föl'-ler	fulgte fool'-ter	fulgt foolt
å få, to get faw	får fawr	fikk fick	fått fawt

INFINITIVE.	PRESENT.	PAST.	PAST PARTICIPLE.
å gi, to give yee	gir yeer	ga gah	gitt yit
å gjøre, to do, make yö'-rer	gjør yör	gjorde yoo'-rer	gjort yoort
å gripe, to seize gree'-per	griper gree'-per	grep grehp	grepet greh'-pet
å gro, to grow groo	gror groor	grodde grood'-der	grodd grood
å gråte, to weep graw'-ter	gråter graw'-ter	gråt grawt	grått grawt
å gå, to go gaw	går gawr	gikk yik	gått gawt
å henge, to hang heng'-er	henger heng'-er	hang hähng	hengt hengt
å hete, to be called heh'-ter	heter heh'-ter	hette het'-ter	hett het
å hjelpe, to help yel'-per	hjelper yel'-per	hjalp yahlp	hjulpet yool'-pet
å holde, to hold, keep hohl'-ler	holder hohl'-ler	holdt hohlt	holdt hohlt
å jage, to hunt yah'-gher	jager yah'-gher	jog yoog	jaget yah'-get
å klinge, to sound kling'-er	klinger kling'-er	klang klähng	klinget, klunget kling'-et, kloong'-et
å komme, to come kom'-mer	kommer kom'-mer	kom kom	kommet kom'-met
å la or late, to let, allow lah, lah'-ter	lar lahr	lot loot	latt läht
å le, to laugh leh	ler lehr	lo loo	ledd lehd
å legge, to lay leg'-gher	legger leg'-gher	la lah	lagt lähkt
å lengte, to long for leng'-ter	lenges leng'-es	lengtet leng'-tet	lengtet leng'-tet
å lide, to suffer lee'-der	lider lee'-der	led lehd	lidt lit

INFINITIVE.	PRESENT.	PAST.	PAST PARTICIPLE.
å ligge, to lie (down) *lig'-gher*	ligger *lig'-gher*	lå *law*	ligget *lig'-get*
å lyve, to lie LEE'-ver (to tell a lie)	lyver LEE'-ver	løy *löy*	løyet *löy'-et*
å løpe, to run *lö'-per*	løper *lö'-per*	løp *löp*	løpt *löpt*
å motta, to receive *moo'-tah*	mottar *moo'-tahr*	mottok *moo'-toock*	mottatt *moo'-täht*
å ride, to ride *ree'-der*	rider *ree'-der*	red *rehd*	ridd *rid*
å røke, to smoke *rö'-ker*	røker *rö'-ker*	røkte *rök'-ter*	røkt *rökt*
å se, to see *seh*	ser *sehr*	så *saw*	sett *set*
å selge, to sell *sel'-ler*	selger *sel'-ler*	solgte *sol'-ter*	solgt *solt*
å si, to say *see*	sier *see'-er*	sa *sah*	sagt *sähkt*
å sitte, to sit *sit'-ter*	sitter *sit'-ter*	satt *säht*	sittet *sit'-tet*
å skjære, to cut *shai'-rer*	skjærer *shai'-rer*	skar *skahr*	skåret *skaw'-ret*
å skrive, to write *skree'-ver*	skriver *skree'-ver*	skrev *skrehv*	skrevet *skreh'-vet*
å skyte, to shoot *shEE'-ter*	skyter *shEE'-ter*	skjøt *shöt*	skutt *skoot*
å slite, to wear out *slee'-ter*	sliter *slee'-ter*	slet *sleht*	slitt *slit*
å slå, to beat *slaw*	slår *slawr*	slo *sloo*	slått *slawt*
å smøre, to smear *smö'-rer* to spread (as butter)	smører *smö'-rer*	smurte *smoor'-ter*	smurt *smoort*
å sove, to sleep *soh'-ver*	sover *soh'-ver*	sov *sohv*	sovet *soh'-vet*
å springe, to jump, run *spring'-er*	springer *spring'-er*	sprang *sprähng*	sprunget *sproong'-et*

INFINITIVE.	PRESENT.	PAST.	PAST PARTICIPLE.
å spørre, to ask spör'-rer	spør spör	spurte spoor'-ter	spurt spoort
å stjele, to steal styeh'-ler	stjeler styeh'-ler	stjal styǎhl	stjålet styaw'-let
å strekke, to stretch strek'-ker	strekker strek'-ker	strakte strakt, strukket strǎhk-ter strahkt, strook'-ket
å stryke, to iron strEE'-ker	stryker strEE'-ker	strøk strök	strøket strö'-ket
å stå, to stand staw	står stawr	sto stoo	stått stawt
å sverge, to swear sver'-gher	sverger sver'-gher	svor svoor	svoret svoo'-ret
å sy, to sew SEE	syr SEEr	sydde SEEd'-der	sydd SEEd
å synge, to sing SEEngʹ-er	synger SEEngʹ-er	sang sǎhng	sunget soong'-et
å ta, to take tah	tar tahr	tok took	tatt tǎht
å telle, to count tel'-ler	teller tel'-ler	talte tahl'-ter	talt tahlt
å tore, to dare toor'-er	tør tör	torde toor'-der	tort toort
å treffe, to meet with tref'-fer	treffer tref'-fer	traff trǎhf	truffet troof'-fet
å trekke, to pull trek'-ker	trekker trek'-ker	trakk trǎhk	trukket trook'-ket
å tro, to believe troo	tror troor	trodde trood'-der	trodd trood
å tvinge, to compel tvingʹ-er	tvinger tvingʹ-er	tvang tvǎhng	tvunget tvoongʹ-et
å velge, to choose vel'-gher	velger vel'-gher	valgte vǎhlg'-ter	valgt vǎhlgt
å vinne, to win vin'-ner	vinner vin'-ner	vant vǎhnt	vunnet voon'-net
å vite, to know vee'-ter	vet veht	visste viss'-ter	visst visst

PRONOUNS.

PERSONAL PRONOUNS.

SUBJECTIVE.	OBJECTIVE.	POSSESSIVE.
I　jeg 　yay	ME　meg 　may	MY　min MINE　min
YOU　De[1] 　dee	YOU　Dem[1] 　dem	YOUR　Deres[1] yours　deh'-res
THOU　du[2] (doo)	THEE　deg[2] (day)	THY, THINE din[2] (din)
HE　han 　hăhn	HIM　ham 　hăhm	HIS　hans, sin 　hăhns, sin
SHE　hun 　hoonn	HER　henne 　hen'-ner	HER　hennes, sin HERS　hen'-nes, sin
IT { den (m. or f.) 　{ det (neut.) 　den, deh	IT { den 　{ det 　den, deh	ITS { dens, sin 　{ dets, sitt dens, sin, dets, sit
WE　vi 　vee	US　oss 　oss	OUR　vår OURS　vawr
YOU　dere[1] 　deh'-rer	YOU　dere 　deh'-rer	YOUR　deres YOURS　deh'-res
THEY de 　dee	THEM dem 　dem	THEIR deres, sine THEIRS deh'-res, see'-ner

min, din, sin, vår are declined like Adjectives; that is, they take t or tt in the Neuter and e in the Plural, as:

	MASCULINE or FEMININE GENDER.	NEUTER.	PLURAL.
MINE	min min	mitt mit	mine mee'-ner
THINE	din din	ditt dit	dine dee'-ner
HIS, HERS	sin[3] sin	sitt[3] sit	sine[3] see'-ner
OURS	vår vawr	vårt vawrt	våre vaw'-rer

NOTE 1.—De, Dem, Deres are the forms used when addressing ONE person. These Pronouns are always written with an Initial Capital D to distinguish them from the forms for the Third Person Plural, de, dem, deres.　dere is used when addressing more than one person.

NOTE 2.—du, deg, din, the Familiar Forms, are used in addressing Relatives, Familiar Friends, and Children.

NOTE 3.—sin, sitt, sine (his, her, their) are used when in English the word own (his own, her own, their own) is either expressed or understood, as distinctive from the ordinary forms hans, hennes, deres, which have an objective meaning, as illustrated in the following phrases:

he took his (own) book	**han tok sin bok**
he took his (somebody else's) book	**han tok hans bok**
she is reading her (own) letter	**hun leser sitt brev**
she is reading her (somebody else's) letter	**hun leser hennes brev**
they went through their (own) gardens	**de gikk gjennom sine haver**
they went through their (some other people's) garden	**de gikk gjennom deres have**

REFLEXIVE PRONOUNS.

There is only one really REFLEXIVE PRONOUN, namely **seg** (say), which can only be used for the Third Person Singular or Plural, and stands for HIMSELF, HERSELF, THEMSELVES.

The REFLEXIVE FORMS for the other Pronouns are the same as the Objective, thus:

meg MYSELF	**deg** THYSELF	**oss** OURSELVES
may	day	oss
Dem YOURSELF	**dere** YOURSELVES	
dem	deh'-re*r*	

(See Reflexive Verbs, page 85.)

RELATIVE PRONOUNS.

WHO, WHOM, WHICH, THAT are all rendered by **som** (som)

MASCULINE *or* FEMININE GENDER.	NEUTER.	PLURAL.
WHICH **hvilken**	**hvilket**	**hvilke**
(referring to things) vil'-ken	vil'-ket	vil'-ke*r*
TO WHOM **hvem**	WHOSE, OF WHICH	**hvis**
vem		viss

(In Norwegian, the Relative Pronoun is often omitted the same as in English.)

N.S.—5*

INTERROGATIVE PRONOUNS.

WHO? WHOM?	hvem?	WHOSE?	hvis?	WHAT?	hva?
	vem		viss		vah

MASCULINE or FEMININE GENDER.		NEUTER.	PLURAL.
WHICH?	hvilken?	hvilket?	hvilke?
	vil'-ken	vil'-ket	vil'-ker

DEMONSTRATIVE PRONOUNS.

MASCULINE or FEMININE GENDER.		NEUTER.	PLURAL.
THIS, THIS ONE	denne	dette	disse THESE
	den'-ner	det'-ter	dis'-ser
THAT, THAT ONE	den	det	de THOSE
	den	deh	dee

For emphasis { denne her THIS ONE HERE } and { den der THAT ONE THERE } etc., are used.

INDEFINITE PRONOUNS.

ONE	en *or* ett n.	NOTHING	intet
	ehn ett		in'-tet

ONE, YOU, PEOPLE	} man	EACH, EVERY, EVERYONE	} hver *or* enhver
	măhn		vair, en'-vair

SOMEBODY, ANYBODY	} noen	„ Neuter Form	} hvert *or* ethvert
	noo'-en		vairt, et'-vairt

SOMETHING, ANYTHING	} noe	BOTH	begge
	noo'-er		beg'-gher

SOME, ANY	noen	EACH OTHER (implying two)	hinannen
	noo'-en		hin-ahn'-nen

		EACH OTHER (more than two)	hverandre
			vair-ăhn'-drer

NOBODY	ingen	MANY	mange
	ing'-en		măhng'-er

MASCULINE or FEMININE GENDER.		NEUTER.	PLURAL.
ALL	all, hel, hele	alt, helt	alle
	ăhl hehl heh'-ler	ăhlt hehlt	ăh'-ller

LIST OF INDISPENSABLE WORDS.
Adverbs, Adverbial Expressions, Prepositions, Conjunctions.

aldri   never
ähl'-dre

allerede   already
ähl'-ler-reh-der

allikevel   nevertheless
ähl-lee'-ker-vel

alltid   always
ähl'-te

altså   thus, therefore
ählt'-saw

annensteds   elsewhere
ähn'-en-stes

annerledes   otherwise
ähn'-ner-leh'-des

av   of, by, from
ahv

bak   behind, back
bahk

baketter   afterwards
bahk-et'-ter

bare   only
bah'-rer

bedre   better
beh'-drer

blant   among
blähnt

da   then
dah

derav   hence
dair'-ahv

derfor   therefore
dair'-for

derpå   thereupon
dair'-paw

dog   however
dohg

dårlig   badly
dawr'-le

eller   or
el'-ler

ellers   otherwise
el'-lers

ennå   yet, still
en'-naw

enten...eller   either...or
en'-ten ... el'-ler

etter(på)   after(wards)
et'-ter (paw)

fjernt   far, distant
fyernt

for   for
for

for fremtiden   in future
for frem'-tee-den

foran   in front of
for'-ähn

forat   in order that
for'-äht

fordi   because
for-dee'

fra   from
frah

fram   forward, on
frähm

framforalt   above all
frähm-for-ählt'

fullkommen   fully
fool'-kom-men

fullstendig   absolutely
fool-sten'-de

følgelig   consequently
föl'-gher-le

før   before, in front of
för

først   at first
först

List of Indispensable Words (continued).

ganske   quite, entirely
  gähns'-ker

gjennom   through
  yen'-nom

gjerne   gladly, willingly
  yer'-ner

hele   all, the whole
  heh'-ler

heller   rather
  hel'-ler

henimot   towards
  hen'-ee-moot

hermed   herewith
  hair'-meh

hinsides   beyond
  hin'-see-des

hos   by, with
  hooss

hurtig   quickly
  hoor'-te

hverken... eller neither...nor
  vehr'-ken ... el'-ler

hvis   if, in case
  viss

hvor som helst   wherever
  voor som helst

hvordan   how
  voor'-dähn

hvorfor   why
  voor'-for

hvorimot   whereas
  voor'-ee-moot

hvorledes   how, in what
  voor-leh'-des   manner

hyppig   frequently
  hEEp-pe

i det høyeste   at most
  ee deh höy'-es-ter

i det minste at least
  ee deh min'-ster

i, inne i   in, within
  ee, in'-ner ee

i særdeleshet particularly
  ee sair-deh'-les-heht

i tide   in time
  ee tee'-der

iblant   among
  ee-blähnt'

ifølge   accordingly
  ee-föl'-gher

igjen   again
  ee-yen'

igjennom   through
  ee-yen'-nom

imellom   between
  ee-mel'-lom

imot   against
  ee-moot'

ingen   none, not any
  ing'-en

ingensteds   nowhere
  ing'-en-stehs

innenfor   inside
  in'-nen-for

inntil   until
  in'-til

istedenfor   instead of
  ee-steh'-den-for

kanskje   perhaps
  kähn'-sher

kort   briefly
  kort

like overfor opposite
  lee'-ker oh'-ver-for

litt   some, a little
  lit

List of Indispensable Words (continued).

med with meh	når when nawr
med mer and so forth meh mehr	ofte often off'-ter
med mindre unless meh min'-drer	og and aw
mellom between mel'-lom	også too, also aw'-saw
men but men	om whether, if, about om
mot against moot	omtrent about om-trent'
motsatt opposite moot'-säht	oppad upwards op'-ähd
naturligvis naturally nah-toor'-le-vees	overalt everywhere oh-ver-ählt'
nede below neh'-der	overmåte exceedingly oh-ver-maw'-ter
nedenfor beneath neh'-den-for	overordentlig extraordinarily oh-ver-or'-dent-le
nedenunder underneath neh'-den-oon-er	plutselig suddenly ploot'-ser-le
neppe hardly, scarcely nep'-per	på on, upon paw
nesten almost nes'-ten	på grunn av on account of paw groon ahv
nettopp exactly net'-op	på ingen måte by no means paw ing'-en maw'-ter
noe somewhat, something noo'-er	rundt om around roont om
noenlunde fairly noo'-en-loon-er	sammen together sähm'-men
nok enough nock	sannelig truly, surely sähn'-ner-le
nordenfor to the north of noor'-en-for	selv om even if sel om
nær near nair	selvfølgelig of course sel-föl'-gher-le
nå at present, now naw	sent late sehnt

List of Indispensable Words (continued).

siden   since
see'-den

sist   last
sist

sjelden   seldom
shel'-den

snart   soon
snahrt

som   as, like
som

straks   at once
strähks

stundom   sometimes
stoon'-om

sønnafor   to the south of
sön'-ah-for

sønnenfor   to the south of
sön'-en-for

så   as, so
saw

såfremt   in case
saw'-fremt

således   so, thus
saw'-leh-des

temmelig   tolerably, fairly
tem'-mer-le

tett ved   close to
tet veh

tidlig   early
teed'-le

tidligere   formerly
teed'-lee-er-rer

til   at, by, to, till
til

til bords   at table, to table
til boors

til høyre   to the right
til höy'-rer

til sist   at last
til sist

til sjøs   to sea, at sea
til shös

til venstre   to the left
til ven'-strer

tilbake   back
til-bah'-ker

tilfeldigvis   accidentally
til-fehl'-de-vees

tversover   across
tvers-oh'-ver

tvert imot   on the contrary
tvert ee'-moot

uaktet   although
oo-ähk'-tet

under   under
oon'-ner

undertiden   sometimes
oon-ner-tee'-den

unntagen   except
oon-tah'-ghen

uten   without
oo'-ten

utenfor   outside
oo-ten'-for

utvilsomt   undoubtedly
oo'-tveel-somt

ved   by, at
veh

ved siden av   besides, next to
veh see'-den ahv

vel   well, good
vehl

vestover   westward
vest'-oh-ver

virkelig   indeed
vir'-ker-le

øyeblikkelig   immediately
öy-er-blick'-ker-le

NORWEGIAN CORRESPONDENCE.

The date at the head of letters is given in Ordinal Numbers, as in English, but stands BEFORE the name of the month, as:

London, January 1st.	London, 1. januar.
Oslo, July 12th.	Oslo, 12. juli.

FORMS FOR BEGINNING LETTERS.

BUSINESS FORMS.

Surnames are generally expressed in forms of address in Norwegian, as:

Sir, Dear Sir	Herr *or* Hr. **A.**	Messrs. Herrer **A.**
Madam, Dear Madam		Fru **B.**

FAMILIAR FORMS.

Dear Mr. A.	Kjære hr. **A.**	Dear Miss C.	Kjære frøken **C.**
Dear Mrs. B.	Kjære fru **B.**	Dear Paul	Kjære Paul
Dear friends	Kjære venner	My dear sister	Kjære søster

FORMS FOR ENDING LETTERS.

ORDINARY BUSINESS FORMS.

Yours truly
Yours faithfully } Ærbødigst or Deres ærbødige

FAMILIAR FORMS.

Yours sincerely (literally, yours with friendly greetings)	Med vennlig hilsen or **vennlig** hilsen Deres
Yours **Deres**	Thine affectionately **Din hengivne**

In the address on the envelope of a letter, the following points should be observed:

Mr. and Esq. = Hr.	Mrs. = Fru
Messrs. = Herrer	Miss = Frøken or **Frk.**

Dr. S. = Doktor S.	Prof. S. = Professor **S.**
The Rev. S. = Pastor S.	

The number of the house is placed AFTER the name of the street, thus:

Odinsgate 57, Oslo

SOME USEFUL NOUNS.

THE HOUSE.

the roof   taket
    tah'-ker
the walls   veggene
    veg'-gher-ner
the chimney   skorsteinspipa
    skor'-stayns-pee'-pah
the floor   gulvet
    goolv'-er
the room   værelset
    vai'-rel-ser
the kitchen   kjøkkenet
    hgök-ker-ner
the front door   gatedøra
    gah'-ter-dö-rah
the windows   vinduene
    vin'-doo-er-ner
the stove   ovnen
    ov'-nen
the stairs   trappene
    trähp'-per-ner
the furniture   møblene
    möb'-ler-ner
a table   et bord
    boor
a writing-table et skrivebord
    skree'-ver-boor
a chair   en stol
    stool
an armchair en lenestol
    leh'-ner-stool
a cupboard   et skap
    skahp
a bookcase   et bokskap
    book'-skahp
a carpet   et gulvteppe
    goolv'-tep-per
a curtain   et gardin
    gar-deen'
a looking-glass   et speil
    spayl

AT TABLE.

a knife   en kniv
    kneev
a spoon   en skje
    sheh
a fork   en gaffel
    gähf'-fel
a plate   en tallerken
    tähl'-ler-ken
a dish   et fat
    faht
a glass   et glass
    glähs
a cup   en kopp
    kop
a saucer   en skål
    skawl
salt, pepper   salt, pepper
    sählt, pep'-per
mustard   sennep
    sen'-nep
butter   smør
    smör

CLOTHES, ETC.

a coat   en frakk
    frähk
a lady's coat   en kåpe
    kaw'-per
a dress   en kjole
    hgoo'-ler
boots   støvler
     stöv'-ler
shoes   sko
    skoo
slippers   tøfler
    töf'-ler
gloves   hansker
    hähn'-sker
a pocket-handkerchief
          et lommetørkle
    lohm'-mer-tör-kler

PRACTICAL CONVERSATIONAL SENTENCES.

Do you speak Norwegian or English?	Taler De norsk eller engelsk?
I speak both languages.	Jeg taler begge språk.
You are welcome.	De er velkommen.
I am glad to see you.	Det gleder meg å se Dem.
They were not glad to hear that.	De ble ikke glade over å høre det.
We are fortunate to find you at home.	Det er heldig for oss at vi finner Dem hjemme.
Please give me your hat and gloves.	Vil De gi meg Deres hatt og hansker.
Many thanks.	Mange takk.
Have you been here long?	Har De vært her lenge?
I have been here ten minutes.	Jeg har vært her ti minutter.
What have you to tell me?	Hva har De å fortelle meg?
I have something for you.	Jeg har noe til Dem.
A week ago we were in the country.	Vi var for en uke siden på landet.
We came back last night.	Vi kom tilbake i går kveld.
Do you want an umbrella or a stick?	Vil De ha en paraply eller en stokk?
I do not want either.	Jeg vil ikke ha noen av delene.
I will go with you now.	Jeg vil gå med Dem nå.
It is better to arrive too early than too late.	Det er bedre å komme for tidlig enn for sent.
Why will you not come to the theatre to-morrow?	Hvorfor vil De ikke bli med i teatret i morgen?
Who told you so?	Hvem fortalte Dem det?
I cannot remember.	Jeg kan ikke huske det.
He always talks of other people's concerns.	Han taler alltid om andres affærer.

Do not speak so loud. | Tal ikke så høyt.
Everybody can hear you. | Alle kan høre Dem.
Wait a little longer. | Vent en liten stund.
The post has not come in yet. | Posten er ennå ikke kommet.
I cannot do it now. | Jeg kan ikke gjøre det nå.
Listen to me a moment. | Hør på meg et øyeblikk.
Please take a seat. | Vær så god sett Dem.
Don't you think so (= the same)? | Synes ikke De det samme?

Will you drink anything? | Vil De drikke noe?
I should like a glass of wine. | Jeg vil gjerne ha et glass vin.
I am rather tired. | Jeg er temmelig trett.
Couldn't you hear him? | Kunne De ikke høre ham?
Yes, but we could not understand what he said. | Jo, men vi kunne ikke forstå hva han sa.
It is not very late. | Det er ikke meget sent.
His watch is always fast. | Hans ur går alltid for fort.
It is exactly a quarter to four. | Klokka er akkurat et kvarter på fire.
It is about five o'clock. | Klokka er omtrent fem.
My watch has stopped. | Mitt ur har stoppet.
I don't know what is the matter with it. | Jeg vet ikke hva som er i veien med det.
It does not matter. | Det gjør ikke noe.
I am going to read the paper. | Jeg vil lese avisen.
Is there any news? | Er det noe nytt?
There is very little news to-day. | Det er lite nytt i dag.

Shall I shut the door? | Skal jeg lukke døren?
Please give me some bread and cheese. | Vær så snill å gi meg noe brød og ost.
What will you have to drink? | Hva vil De ha å drikke?
I should like a glass of beer. | Jeg vil gjerne ha et glass øl.
Is there any wine? | Er der noe vin?

Is it necessary to go with him?	Er det nødvendig å gå med ham?
I must go; so must you.	Jeg må gå; det må De også.
I cannot believe it.	Jeg kan ikke tro det.
Neither can we.	Heller ikke vi.
Have you got the key to the grammar?	Har De nøkkelen til grammatikken?
I cannot find it anywhere.	Jeg kan ikke finne den noensteds.
Do you remember the title of the book?	Husker De bokens titel?
Then I could order it.	Så kunne jeg bestille den.
I should like to have a watch like yours.	Jeg ville gjerne ha samme slags ur som Dem.
I bought it in France.	Jeg kjøpte det i Frankrike.
We have never been to France.	Vi har aldri vært i Frankrike.
I am going there this summer.	Jeg reiser dit i sommer.
Be careful in crossing the road.	Vær forsiktig når De går over gata.
It is dangerous to cross here.	Det er farlig å krysse her.
At what time do you dine?	Når spiser De middag?
It is already six o'clock.	Klokka er allerede seks.
We shall dine at half-past seven.	Vi spiser middag klokka halv åtte.
I thought I should receive more money.	Jeg trodde at jeg skulle få flere penger.
With your permission I will read this letter.	Med Deres tillatelse vil jeg lese dette brevet.
You are very much mistaken.	De tar meget feil.
I have come by boat, not by train.	Jeg kom med båt, og ikke med tog.
He called me by my name.	Han tiltalte meg ved navn.

I do not know who it was.	Jeg vet ikke hvem det var.
What are these things called?	Hva kaller man disse ting?
I don't know what they are called.	Jeg vet ikke hva man kaller dem.
I did not hear the question.	Jeg hørte ikke spørsmålet.
I cannot always hear.	Jeg kan ikke alltid høre.
They do not speak distinctly.	De taler ikke tydelig.
Do you find it difficult to understand me?	Synes De det er vanskelig å forstå meg?
What is the date?	Hvilken dato er det?
The first, second, third, etc.	Den første, annen, tredje, osv.
Will you take this letter to the post?	Vil De besørge dette brevet?
He will send the answer to-morrow.	Han vil besvare brevet i morgen.
These letters are not dated.	Disse brev er ikke datert.
What is the price of this?	Hvor mye koster dette?
How do you sell these?	Hvorledes selger De disse?
At the price which is marked.	Til den pris som er oppgitt.
Is this the lowest price?	Er dette laveste pris?
We paid the highest price.	Vi betalte høyeste pris.
This is a cheap article.	Dette er en billig vare.
How much do you want?	Hvor mye ønsker De?
Do you think this is good enough?	Tror De at dette er godt nok?
It is too good.	Det er for godt.
I am not satisfied with my purchase.	Jeg er ikke tilfreds med mitt kjøp.
These boots do not fit me.	Disse støvler passer meg ikke.
They are too narrow.	De er for trange.
They are not broad enough.	De er ikke brede nok.
The soles are too thick.	Sålene er for tykke.
I will take the shoes only.	Jeg vil bare ha skoene.
Do the gloves fit you?	Passer hanskene Dem?

They are a size too large.	De er et nummer for store.
I will change them for you.	Jeg vil bytte dem for Dem.
Do you like this ring?	Liker De denne ringen?
It fits me very well.	Den passer meg utmerket.
The other one was too small.	Den annen var for liten.
I like this one; that one.	Jeg liker denne; den der.
How much does it cost?	Hvor mye koster den?
That is too much.	Det er for mye.
Show me some other rings.	Vil De vise meg noen andre ringer?
Have you any change?	Har De småpenger?
I have just changed a fifty krone note.	Jeg har nettopp vekslet en femtikroneseddel.
You can change money here.	De kan veksle penger her.
Nobody likes to be deceived.	Ingen liker å bli bedratt.
I thought he wanted to deceive me.	Jeg trodde at han ville bedra meg.
One never knows exactly what he means.	Ingen vet bestemt hva han mener.
I mean what I say.	Jeg mener hva jeg sier.
Everybody knows that.	Alle vet det.
Nobody knows where he is.	Ingen vet hvor han er.
I assure you that I did not do it.	Jeg forsikrer Dem at jeg ikke gjorde det.
I wrote the letter while he was speaking.	Jeg skrev brevet mens han snakket.
While they were waiting, he went out.	Mens de ventet, gikk han ut.
Before I went, I sent the message.	Før jeg gikk, sendte jeg beskjeden.
After many days, they found it.	Etter mange dager fant de det.
Are these apples ripe?	Er disse epler modne?

I am afraid not.	Jeg tror det neppe.
The fruit was bought this morning.	Frukten ble kjøpt i morges.
These grapes are good to eat.	Disse druene er gode.
I shall live in the west of the town.	Jeg skal bo på byens vest-kant.
Formerly I lived in the east.	Jeg pleide å bo på østkanten.
We live in the south.	Vi bor i den sydlige del.
Our relations live in the north.	Vår familie bor i den nord-lige del.
They used to live opposite the market.	De bodde like overfor torvet.
Can you not go more quickly?	Kan De ikke gå litt fortere?
At this rate we shall never get there.	Med denne farten kommer vi aldri frem.
He began to run, but I easily caught him up.	Han begynte å løpe, men jeg tok ham snart igjen.
You are stronger than I thought.	De er sterkere enn jeg trodde.
You are walking more slowly than I like.	De går langsommere enn jeg synes om.
I want you to repair this lock.	Jeg ønsker denne låsen re-parert.
You must have a new key for it.	De må ha en ny nøkkel til den.
This one is broken.	Denne er i stykker.
It will be ready to-morrow morning.	Den blir ferdig i morgen tidlig.
I am going to get up now.	Jeg vil stå opp nå.
I went to bed late last night.	Jeg gikk sent til sengs i natt.
I shall go to see them to-day.	Jeg vil besøke dem i dag.
I shall go, even if the weather is bad.	Jeg vil gå, selv om været er dårlig.
Breakfast is ready.	Frokost er ferdig.
Is supper ready?	Er aftens ferdig?

Will you not stay to supper?	Vil De ikke bli og spise aftens?
We are just going to have tea.	Vi skal nettopp drikke te.
I remember this street very well.	Jeg husker denne gata meget godt.
Do you remember that song?	Husker De den sangen?
I remember this song, but not that one.	Jeg husker denne sangen, men ikke den der.
I cannot go any further.	Jeg kan ikke gå lenger.
I have never walked so far.	Jeg har aldri gått så langt før.
Now I am tired.	Jeg er trett nå.
Let us sit down here.	La oss sette oss her.
It is nice and shady here.	Her er deilig og skyggefullt.
Your coat does not fit you.	Deres frakk passer Dem ikke.
It is too wide, too long.	Den er for vid, for lang.
It looks too tight.	Den ser ut til å være for trang.
Where did you buy it?	Hvor kjøpte De den?
I like that hat.	Jeg liker den hatten.
It suits you very well.	Den kler Dem utmerket.
It is rather too small.	Den er nokså liten.
A large hat suits you better.	En stor hatt kler Dem bedre.
I shall finish all this work to-day.	Jeg skal gjøre alt dette arbeide ferdig i dag.
I am waiting for the list.	Jeg venter på listen.
He promised to let me have it to-day.	Han lovet meg den i dag.
We cannot wait any longer.	Vi kan ikke vente lenger.
I have come to ask when you will be ready.	Jeg kommer for å spørre når De blir ferdig.
Do not wait for me!	Vent ikke på meg!
I shall go home when I am ready.	Jeg vil gå hjem når jeg er ferdig.
Are you going to take a rest?	Vil De hvile Dem?
You look tired and sleepy.	De ser trett og søvnig ut.
I have not rested for twenty-four hours.	Jeg har ikke hvilt på fire og tyve timer.

He will end by getting angry.

Han vil tilslutt bli sint.

In the end we gave him what he asked for.

Tilslutt ga vi ham det han ba om.

Do not be long before you come again.

Vær ikke for lenge før De kommer igjen.

We should like you to wait for us.

Det vil glede oss hvis De vil vente på oss.

It will be pleasant to travel together.

Det skal bli morsomt å reise sammen.

Where did you spend your holidays?

Hvor tilbrakte De Deres ferie?

I went to Switzerland.

Jeg reiste til Sveits.

How long did you stay there?

Hvor lenge var De der?

Only a fortnight.

Bare fjorten dager.

The weather was bad.

Været var dårlig.

The scenery is magnificent.

Landskapet er praktfullt.

Did you go there alone?

Reiste De dit alene?

No, I went with some friends.

Nei, jeg reiste sammen med noen venner.

I hope he will follow my advice.

Jeg håper at han vil følge mitt råd.

He always does his best.

Han gjør bestandig sitt beste.

They will do their best to please me.

De vil gjøre hva de kan for å tilfredsstille meg.

I don't know whether it can be done.

Jeg vet ikke om det kan bli gjort.

However difficult it may be, you must do it.

Hvor vanskelig det enn kan være må De allikevel gjøre det.

I try to do as much as possible.

Jeg forsøker å gjøre så mye som mulig.

We are doing what we can.

Vi gjør hva vi kan.

We will do all we can.

Vi vil gjøre alt vi kan.

Will you do it for me?

Vil De gjøre det for meg?

I took advantage of his silence.

Jeg benyttet meg av hans taushet.

I explained what you told me.

Jeg forklarte hva De fortalte meg.

We shall take advantage of your offer.

Vi vil benytte oss av Deres tilbud.

Both these books are ours.

Begge disse bøkene er våre.

Both shops belong to that merchant.

Denne kjøpmannen eier begge disse butikker.

Which of the two do you prefer?

Hvilken av de to foretrekker De?

They detained me more than an hour.

De oppholdt meg over en time.

He slept for nearly two hours.

Han sov nesten to timer.

There are more than fifty ships in the harbour.

Det er over femti skiper på havnen.

I receive more than twenty letters a day.

Jeg får over tyve brev om dagen.

There are still many people who can neither read nor write.

Det er fremdeles mange mennesker som hverken kan lese eller skrive.

We bought it the day before yesterday.

Vi kjøpte det i forgårs.

I will send it the day after to-morrow.

Jeg vil sende det i overmorgen.

They will come back at the end of the month.

De kommer tilbake sist i måneden.

How long have you been living here?

Hvor lenge har De bodd her?

Since last month.

Siden forrige måned.

For about a year.

Omtrent et år.

I came here last week.

Jeg kom hit forrige uke.

Seeing is believing.

Å se er å tro.

This motorbus does not go quickly.

Denne rutebilen går ikke fort.

It has to stop very often.

Den må stanse meget ofte.

It would be quicker to walk.

Det er fortere å gå.

But it is rather a long distance.

Men det er temmelig langt.

It would be too tiring.

Det vil bli for trettende.

I have a heavy parcel to carry.

Jeg har en tung pakke å bære.

Did you see your friend on Friday?

Var De sammen med Deres venn fredag?

He generally dines with us on Sundays.

Han spiser som oftest middag hos oss om søndagene.

I expect him next Saturday.

Jeg venter ham neste lørdag.

They come to visit us.

De kommer og besøker oss.

We saw her last Wednesday.

Vi så henne forrige onsdag.

They were married on Tuesday, the 15th of May.

De giftet seg tirsdag den femtende mai.

He arrived on the 18th of December.

Han kom den attende desember.

The accident happened on Monday, February 20th.

Ulykken skjedde mandag den tyvende februar.

They came home last Sunday.

De kom hjem forrige søndag.

We were going to sit down to table without him.

Vi skulle nettopp til at gå til bords uten ham.

This table is two metres long.

Dette bordet er to meter langt.

The walls were three feet thick.

Veggene var tre fot tykke.

What is the width of this street?

Hvor bred er denne gata?

The street is fifteen feet wide.

Gata er femten fot bred.

What is the depth of the lake?

Hvor dyp er sjøen?

That is what you must do.

Det er hva De må gjøre.

The less a man knows, the more he pretends to know.

Jo mindre en mann vet, jo mer tror han at han vet.

Our street is five hundred metres long.

Vår gate er fem hundred meter lang.

The distance is three hundred miles.

Avstanden er tre hundred mil.

It takes an hour to go to the village.	Det vil ta en time å gå til landsbyen.
Take the path through the field.	Ta stien over markene.
What are you looking for?	Hva ser De etter?
I am looking for my spectacles.	Jeg leter etter mine briller.
I put them on the mantel-piece.	Jeg la dem på kaminhylla.
They are no longer there.	De er ikke lenger der.
I have been looking for them everywhere.	Jeg har lett etter dem over-alt.
I have not been able to find them.	Jeg har ikke kunnet finne dem.
The maid has been dusting the room.	Hushjelpen har tørret støv i værelset.
Perhaps she has put them in another place.	Kanskje hun har lagt dem et annet sted.
That is possible; I will ask her.	Det er mulig; jeg vil spørre henne.
Did you explain all that to him?	Forklarte De ham alt det?
Yes, fully and clearly.	Ja, fullstendig og tydelig.
He understands it perfectly now.	Han forstår alt sammen nå.
I shall be disengaged in a few minutes.	Jeg blir ledig om noen få minutter.
We shall listen to the commentary on the radio.	Vi skal høre på kåseriet i radioen.
They ought to write to us to-day.	De burde skrive til oss i dag.
In that case, we shall receive the letter to-morrow.	Hvis det er tilfelle vil vi få brevet i morgen.
Don't offer it to them at that price.	Tilby dem det ikke til den prisen.

Do not offer them the same terms.

Tilby dem ikke de samme vilkår.

I must know if they have accepted my offer.

Jeg må vite om de har akseptert mitt tilbud.

He ought to attend to his own business.

Han burde passe sine egne affærer.

I have hardly had time to talk to him.

Jeg har nesten ikke hatt tid til å snakke med ham.

It is not always like that.

Det er ikke alltid slik.

Sometimes we have very little to do.

Somme tider har vi meget lite å gjøre.

Some of these letters must be written to-day.

Noen av disse brev må skrives i dag.

Have you got to-day's paper?

Har De avisen for i dag?

Which is the best paper, do you think?

Hvilken avis synes De er den beste?

I always take the "Aften-posten."

Jeg holder alltid "Aften-posten."

I can read it fairly well now.

Jeg leser den ganske godt nå.

It consists of two editions.

Den består av to utgaver.

One in the morning, and one in the evening.

En om morgenen og en om aftenen.

In Norway only a few news-papers are published in the evening.

I Norge kommer bare noen få aviser ut om aftenen.

I read some Norwegian every day.

Jeg leser litt norsk hver dag.

It is very interesting.

Det er meget interessant.

My friend speaks Norwegian fluently.

Min venn taler flytende norsk.

He has lived in Norway many years.

Han har bodd mange år i Norge.

COMMERCIAL PHRASES AND EXPRESSIONS.

In answer to your letter of the 16th inst.

Som svar på Deres skrivelse av sekstende ds.[1]

I am in receipt of your letter of the 1st ult.

Jeg har mottatt Deres brev av første f.m.[2]

I beg to inform you.

Jeg tillater meg å meddele Dem.

Please let me know.

Ha den godhet å la meg vite.

Your esteemed order to hand.

Deres ærede ordre mottatt.

Referring to your favour of the 9th inst.

Med hensyn til Deres ærede av niende ds.

In reply to your favour.

Som svar på Deres ærede.

I have the pleasure to inform you.

Jeg har den fornøyelse å meddele Dem.

Some of the goods are rather damaged.

Noen av varene er temmelig beskadiget.

Nearly all the goods suffered damage in transit.

Nesten alle varene ble beskadiget under transporten.

Please send it to me by return of post.

Vær så vennlig å sende meg det pr. omgående.

I hope to receive it by the 7th of next month.

Jeg håper å motta det den syvende neste måned.

I am greatly in need of the first three items on the list.

Jeg er i stor forlegenhet for de tre første artiklene på lista.

The delay in sending off the goods has caused me much inconvenience.

Varenes forsinkelse har forårsaket meg mye bryderi.

In your letter you promised us a discount of 5 per cent.

I Deres brev lovet De oss fem prosent rabatt.

You have only taken off 2½ per cent.

De har bare fraregnet to og en halv prosent.

Your consignment arrived yesterday.

Deres konsignasjon ankom i går.

1 = dennes.

2 = forrige måned.

Our prices are net.

Våre priser er netto.

I will send you a cheque as soon as I receive the goods.

Så snart jeg får varene vil jeg sende Dem en sjekk.

We shall be much obliged to you.

Vi vil være Dem meget takknemlig.

Please state your lowest terms for cash.

Vær så vennlig å oppgi laveste priser mot kontant.

Kindly send us your price-list and conditions.

Vi vil være forbunden for priskurant og betingelser.

How much will the duty amount to?

Hvor mye vil tollen beløpe seg til?

How much will the packing and carriage come to?

Hvor mye vil pakning og transport beløpe seg til?

Send it by book post—
  by parcel post—
  in a registered letter.

Send det som trykksaker—
  pr. pakkepost—
  i rekommandert brev.

You may draw on us at three months.

De kan trekke på oss etter tre måneder.

The bill is payable at sight.

Vekselen betales ved presentasjon.

Kindly send us the amount due.

Vær så vennlig å sende oss det skyldige beløpet.

At your earliest convenience.

Så snart det passer Dem.

We cannot wait any longer.

Vi kan ikke vente lenger.

Will you kindly reply by air mail.

Vil De være så vennlig å svare pr. flypost.

I have several large accounts to meet next week.

Jeg skal utbetale flere større beløp i neste uke.

The bill has been dishonoured.

Vekselen er ikke blitt honorert.

The firm has failed.

Firmaet gikk konkurs.

What assets are there?

Hvilke aktiva er der?

The bank rate is down.

Bankkursen er falt.

Send in my account.

Send meg regningen.

Be good enough to forward the amount by return of post.

Send godhetsfullt beløpet pr. omgående.

There is an error in your account.

Det er en feil i Deres regnskap.

This has already been paid.

Dette er allerede blitt betalt.

Your account is overdrawn.

Deres konto er overskredet.

Give me a receipt.

Gi meg en kvittering.

I am applying to you
for a settlement—
to execute an order—
to cancel an order—
to discount a bill.

Jeg henvender meg til Dem
om oppgjør—
å utføre en ordre—
å annullere en ordre—
å diskontere en veksel.

I have a letter of recommendation.

Jeg har et anbefalingsbrev.

We require references.

Vi forlanger referanser.

When can you deliver the goods?

Når kan De levere varene?

The samples are delayed.

Prøvene er forsinket.

The goods are not up to sample.

Varene er ikke overensstemmende med prøven.

Will you accept a bill?

Vil De akseptere en veksel?

Give me your estimate.

Gi meg Deres overslag.

Quote me a price.

Noter meg en pris.

Carriage forward.

Frakten betales ved ankomsten.

Send the goods by fast train.

Send varene som ilgods.

What is the weight?

Hva er vekten?

It is short weight.

Det er knapp vekt.

Your luggage is liable to duty.

Deres bagasje er tollpliktig.

Can I insure the goods?

Kan jeg forsikre varene?

We think it right to inform you at once.

Vi synes vi bør underrette Dem med det samme.

Herewith we send you samples.

Hermed sender vi Dem prøver.

Your esteemed orders duly to hand.

Deres ærede ordrer riktig mottatt.

Your instructions shall have our best attention.

Vi skal ha vår oppmerksomhet henvendt på Deres instruksjoner.

No invoice was sent with the goods.

Det fulgte ikke faktura med varene.

Almost all the boxes were broken.

Nesten alle kassene var slått i stykker.

The contents were damaged by water.

Innholdet var beskadiget av vann.

The goods were carefully packed.

Varene var omhyggelig pakket.

We charge two per cent to cover the cost of packing.

Vi forlanger to prosent tillegg for paknings og emballasje utgifter.

The terms quoted do not include carriage.

Transport er ikke iberegnet i de anførte priser.

The firm has been established many years.

Dette er en meget gammel forretning.

This is only a trial order.

Dette er bare prøveordre.

I shall give you a larger order afterwards.

Jeg vil gi Dem en større ordre senere.

There is no demand for this article.

Det er ingen forespørsel etter denne varen.

I am the sole agent here.

Jeg er den eneste representant her.

I have been appointed agent for the sale of this article.

Jeg er blitt ansatt som representant for denne artikelen.

We are willing to open a monthly account.

Vi er villige til å åpne Dem en månedlig konto.

The bill of lading has not yet come to hand.

Konnossementet er ennå ikke kommet.

In accordance with your request.

I overensstemmelse med Deres anmodning.

Awaiting the favour of your reply.

Imøteseende Deres ærede svar.

Trusting to receive a favourable answer.

Idet vi håper å motta et gunstig svar.

Assuring you of our attention at all times.

Idet vi forsikrer Dem om vår oppmerksomhet til enhver tid.

Printed in Great Britain by Hazell Watson & Viney Ltd, Aylesbury, Bucks